메코시코주쿠 유학생 대학수험 총서

일본유학시험 (EJU) 실전문제집 전10회수록

종합과목 Vol.1

JAPAN AND THE WORLD

監修	豊原 明（東京大学 PhD）
	陳 茂（東京大学）
執筆	木村 仁（東京大学）
	陶 揚（早稲田大学）
校正	高橋 優介（早稲田大学）
	明石 さと子（早稲田大学）

©2019 MEKO EDUCATION GROUP Co.,Ltd
All rights reserved. No part of this publication may be reproduced, stored in a retrieval system, or transmitted in any form or by any means, electronic, mechanical, photocopying, recording, or otherwise, without the prior written permission of the Publisher.
Published by MEKO EDUCATION GROUP Co.,Ltd
Dai-san Yamahiro Bldg. 2F, 4-1-1, Kita-Shinjuku, Shinjuku, Tokyo 169-0074, Japan
ISBN978-4-909907-02-8
First published 2019

머 리 말

　　일본유학시험(EJU)은 외국인유학생이 일본의 대학에 입학함에 있어 일본어 및 기초학력 평가를 목적으로 2002년부터 실시하고 있는 시험입니다. 2019년 현재, 6월과 11월에 연 2회 실시하고 있으며 일본에서만이 아닌 아시아를 중심으로 한 많은 나라에서 수험할 수 있습니다.

　　일본유학시험의 시험과목은 일본어, 이과(물리·화학·생물), 종합과목과 수학으로 크게 4과목으로 나뉘어져 있으며 이과는 물리·화학·생물의 3과목에서 2과목을 선택하고, 수학은 코스1과 코스2 중 하나의 코스를 선택합니다. 각 과목의 시간배분은 일본어가 125분, 일본어 이외의 과목은 80분입니다. 배점은 일본어가 450점 만점, 다른 과목에 대해서는 각 200점 만점입니다. 각 과목에는 전문용어도 다수 쓰이고 있기 때문에 어휘력과 문제에 따라서는 독해력도 필요합니다.

　　메코시코주쿠에서는 일본유학시험의 경향, 분석 등의 연구를 평소 철저히 실시하고 있습니다. 본교에서 작성한 실전문제를 수업에 도입하였더니 실제 시험에서 고득점을 얻은 본교의 학생으로부터 "수업에서 푼 실전문제가 많은 도움이 되었다."라는 의견이 있었습니다. 그러한 경위에서 한 사람이라도 더 많이, 일본유학시험을 수험하는 분들에게 힘이 되고 싶다는 생각에서 본 책을 출판하였습니다.

　　본 책은 과거 일본유학시험의 출제내용에 기초하여 작성하였고 각 과목마다 과거에 출제된 문제에 매우 가까운 내용으로 구성되어 있습니다. 난이도나 출제범위의 경향도 확실히 파악하고 매년 조금씩 변화해가는 경향에도 대처하고 있습니다. 또한, 해설에서는 문제의 요점을 명확하게 기재하고 있으므로 자신이 부족하다고 느끼는 지식이나 틀리기 쉬운 분야를 파악하기 쉽게 되어 있습니다.

　　학습에 있어서는 마크시트 출제형식에 익숙해지는 것과 더불어 틀린 문제는 반복해서 풀어보십시오. 단순히 암기하는 것만이 아니라 "왜 이러한 답이 되는가?", 해설을 참고하여 해답의 의미까지 확실하게 이해하는 것이 좋습니다.

　　본 책을 다루신 여러분이 실제 시험에서 고득점을 달성하여 목표로 하는 대학으로 진학하는 꿈을 실현할 수 있도록 마음 속 깊이 응원하고 있습니다.

2019년 6월

메코시코주쿠

본 책에 대하여

[본 책의 특징]

1. 실제 시험에 입각한 형식

　　본 책에 수록되어 있는 10회분의 실전문제는 지금까지 출제된 과거의 종합과목 시험을 철저하게 연구하여 실제 시험과 같은 형식, 출제범위로 작성하였습니다. 그러한 이유로 본 책에 수록되어 있는 문제의 대응력을 익힘으로써 실제 시험에서도 당황하지 않고 제대로 해답할 수 있는 능력을 익힐 수 있습니다.

2. 엄선된 출제 포인트

　　본 책에 수록된 10회분의 실전문제, 총 380개의 문제는 과거 종합과목의 시험 경향을 기초로, 분야마다 문제 수나 출제 포인트가 설정되어 있습니다. 수급곡선이나 일본국 헌법과 같은 매우 빈번한 출제 포인트는 물론이고 이후 수년간 출제가 예상되는 시사문제나 매년 몇 문제씩 나오는 새로운 형식의 문제까지 일본유학시험 종합과목의 출제형식에 맞춘 형태로 수록하고 있습니다.

3. 풍부한 복습 포인트

　　본 책의 문제를 해답한 후에는 책의 끝부분에 있는 해답·해설을 활용해 봅시다. 자신이 풀지 못했던 문제뿐만이 아니라, 답했던 문제도 관련항목이나 주의해야 할 포인트가 모두 기재되어 있으므로 그것을 바탕으로 더욱 지식을 쌓을 수가 있고 폭 넓은 출제 포인트에 대비할 수 있습니다.

[본 책의 사용법]

　종합과목에서 지정되고 있는 출제 범위의 학습이 끝났다면 우선은 실제 시험과 완전히 같은 제한시간으로 본 책의 실전문제를 풀어봅시다. 각 회의 실전문제의 표지 오른쪽 아래에 있는 QR코드로 Web페이지에 접속하면 해답용지가 표시됩니다.

　문제를 다 풀었다면 정답과 더불어 득점과 득점분포를 확인해 봅시다. 자신의 득점을 다른 수험생의 득점과 비교하는 것이 가능합니다. 자신의 학습 진척상황을 인식하기 위해 활용해 주십시오. 또한, 득점분포에 관해서는 일본유학시험과 마찬가지로 항목반응 이론을 사용한 득점등화를 실시하고 있으므로 실제 시험에 가까운 결과를 얻을 수 있습니다. 책의 끝부분에 있는 실제 시험과 같은 형식의 마크시트 해답용지가 있으므로 이용해보십시오.

　득점을 확인했다면 자신의 득점에 일희일비하지 마시고 Web상에서나 책의 끝부분에 있는 해답 · 해설을 이용하여, 해답할 수 없었던 문제는 어째서 해답할 수 없었는지, 해답할 때 어떤 지식이 필요했는지를 확인해 보십시오. 추가로 정답인 부분에 대해서도 해답 · 해설에 관련된 항목 등이 기재되어 있으므로 자신의 지식을 쌓기 위해 확실하게 복습합시다. 그리고 여러 번 문제를 푸는 과정에서 자신의 강점인 분야, 약점인 분야를 파악하여 학습시간 배분을 정하는 것에 도움이 될 것입니다.

　본 책은 단순히 실전문제를 해답하고 끝내는 것이 아닙니다. 그 결과를 돌아보고 더 나아가서 지식을 쌓음으로써 진정한 가치를 얻을 수 있습니다.

　본 책의 문제를 여러 번 풀어 종합과목에 대한 대책에 만전을 기하시는 여러분은 실제 시험에서도 반드시 좋은 결과를 낼 수 있을 것입니다!

　그럼, 힘내봅시다!

득점분포의 확인

● **STEP 1**
먼저 각 회의 실전문제 표지 오른쪽 아래에 있는 QR코드를 스마트폰으로 읽어 냅니다.

● **STEP 2**
읽히게 되면 해답용지가 표시됩니다. 정답이라고 생각하는 번호를 클릭하여 진행해봅시다. 마지막까지 다 풀었다면 화면 아래에 있는 「제출과 정답표」 버튼을 누릅니다.

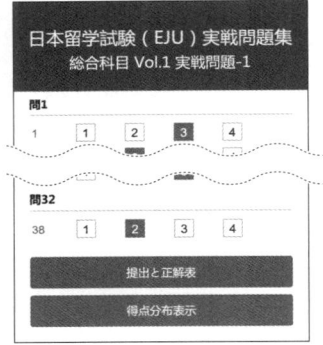

● **STEP 3**
정답표가 표시됩니다. 틀린 문제는 정답번호가 빨갛게 표시되므로 확실히 복습합시다. 「해설」 버튼을 누르면 해설을 확인할 수 있습니다. 또한, 화면 아래쪽의 「득점분포를 본다」라는 버튼을 누르면 자신의 득점과 전체 수험자 중에서 자신의 위치를 확인할 수 있습니다.

※ 확인하기 위해서는 등록과 로그인이 필요합니다. (→조작방법은 STEP4에서 확인하실 수 있습니다.)

● **STEP 4**
「득점분포를 본다」라는 버튼을 누르면 등록화면이 표시됩니다. 필수항목을 모두 기입하고「등록」버튼을 눌러주십시오.

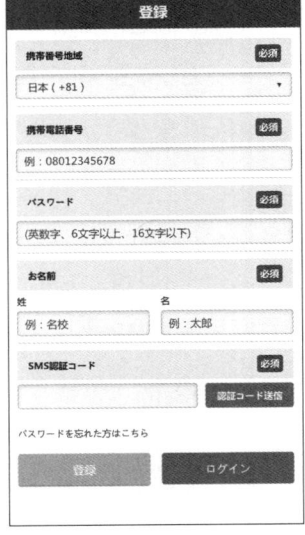

● **STEP 5**
자신의 득점 및 득점분포가 표시됩니다.

※ 실전문제는 몇 번이든지 수험할 수 있습니다만 득점과 득점분포의 산출은 1인당 1회만 가능합니다.

※ 일본유학시험과 거의 동일하게 항목반응이론에 의한 득점등화를 실시하고 있습니다.

※ 수험자수가 증가함에 따라서 득점기준이 변화하는 점을 양해바랍니다.

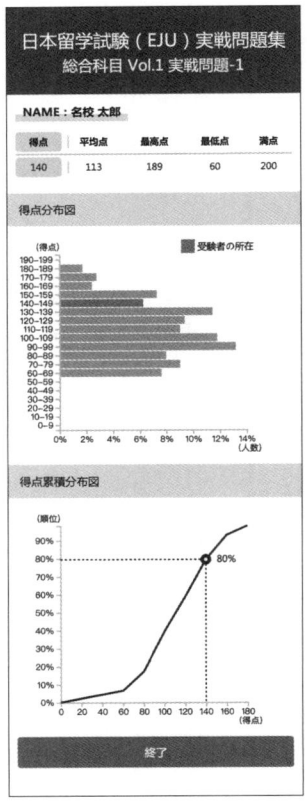

일본유학시험(EJU) 실전문제집 종합과목 Vol.1

CONTENTS

003   머리말
004   본 책에 대하여
006   득점분포 확인

009   제 1 회   실전문제
033   제 2 회   실전문제
055   제 3 회   실전문제
077   제 4 회   실전문제
097   제 5 회   실전문제
119   제 6 회   실전문제
143   제 7 회   실전문제
165   제 8 회   실전문제
189   제 9 회   실전문제
209   제10회   실전문제

233   해답용지
235   정답표
247   해설

第 **1** 回

実戦問題
解答時間 80分

正解と得点分布図確認

QRコードを読み取っ
てオンライン解答用
紙に解答を記入し、正
解と得点分布を確認
してください。

問1 次の文章を読み，下の問い(1)〜(4)に答えなさい。

　2019年はフランス (France) でパリ講和会議 (Paris Peace Conference) が開催されてから100年目にあたる。パリ講和会議は第一次世界大戦の戦後処理として行われた。ここでは多大な犠牲を出した第一次世界大戦の反省を踏まえ，1軍縮や，2国際連盟(League of Nations)の設立といった国際協調に向けての話し合いがされた。一方で，講和会議後，フランスは第一次世界大戦の賠償として3ルール地方(Ruhr)を占領し，後のドイツ（Germany）のナチス（Nazis）一党独裁の遠因となった。そして10年後の1929年に発生した，4世界恐慌(Great Depression)をきっかけに世界は不安定な状態になり，再度の世界大戦に突入していく。

(1) 下線部1に関して，戦間期の軍縮に関する記述として最も適当なものを，次の①〜④の中から一つ選びなさい。　　1

① 1921年に開催されたワシントン (Washington) 会議ではアメリカ (USA)・イギリス (UK)・日本・フランス・ソ連（USSR）の5大国の間で陸軍の戦力を制限することとなった。
② 1930年のロンドン（London）海軍軍縮会議では，国際連合（UN）の主導のもと，列強の海軍戦力の保有に制限がかけられた。
③ 1932年にはジュネーブ（Geneva）軍縮会議が開催されたが，開催中ドイツと日本が国際連盟を脱退し，成果を得ることなく閉会した。
④ 1935年にドイツは再軍備を宣言し，同年にチェコ・スロバキア（Czechoslovakia）侵攻を行った。

(2) 下線部2に関して，国際連盟に関する記述として最も適当なものを，次の①〜④の中から一つ選びなさい。　　2

① 本部はニューヨーク（New York）に置かれ，アメリカがその分担金を多く負担した。
② アメリカが参加しなかった。
③ 総会では多数決で議決された。
④ 日本は常任理事国ではなかった。

第1回 実戦問題

(3) 下線部 **3** に関して、ルール地方の位置として最も適当なものを、次の①〜④の中から一つ選びなさい。　　3

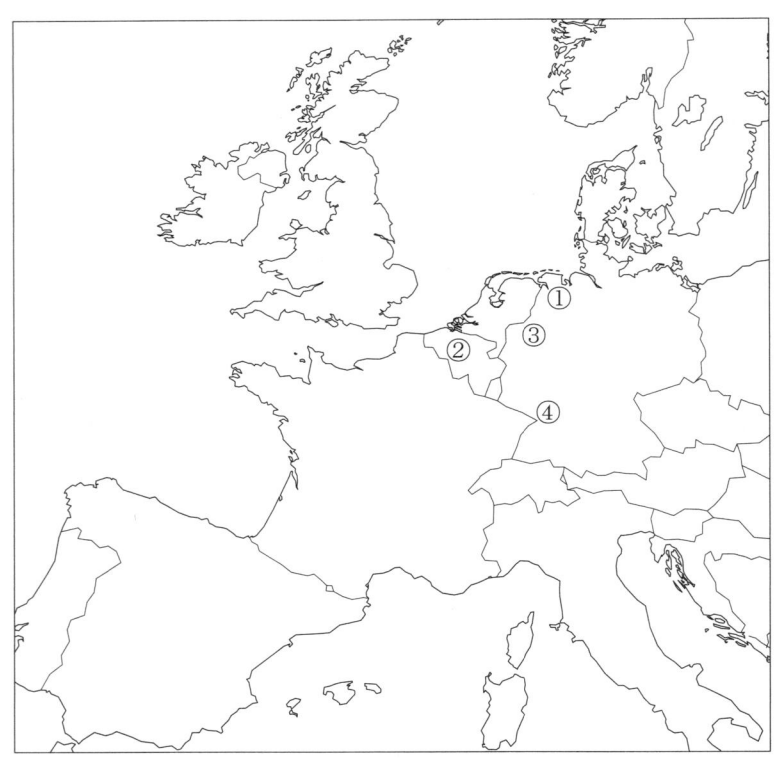

(4) 下線部 **4** に関して、世界恐慌に関する記述として最も適当なものを、次の①〜④の中から一つ選びなさい。　　4

① 日本は世界恐慌の影響で主要な輸出産品だった自動車の輸出が落ち込み、国内経済は大きなダメージを受けた。

② 世界恐慌の発端はアメリカのシカゴ（Chicago）株式市場の大暴落である。

③ アメリカでは1933年に就任したフーヴァー（Hoover）大統領のニューディール（New Deal）政策のもと、景気が回復した。

④ 経済の立て直しのため、イギリスがブロック経済政策を展開するようになった。

問2 次の文章を読み，下の問い⑴〜⑷に答えなさい。

　ジュネーブはチューリッヒ（Zurich）に次ぐ₁スイス(Switzerland)第二の都市である。ジュネーブはレマン湖（Lake Geneva）の南西に位置し，古くからWHO（世界保健機関）を始めとした₂国際機関の本部が置かれていることでも有名である。このように国際機関の本部を多く抱えるスイスは，₃永世中立国(Permanent Neutral Country)であるという特徴がある。また地理的特性から₄多くの言語が公用語となっており，政治体制もそれに即した連邦国家の形態となっている。

⑴　下線部1に関して，次のグラフはスイス，ドイツ，フランス，アメリカの1人あたり名目GDPの推移を表したものである。スイスに該当するものを，下の①〜④の中から一つ選びなさい。　**5**

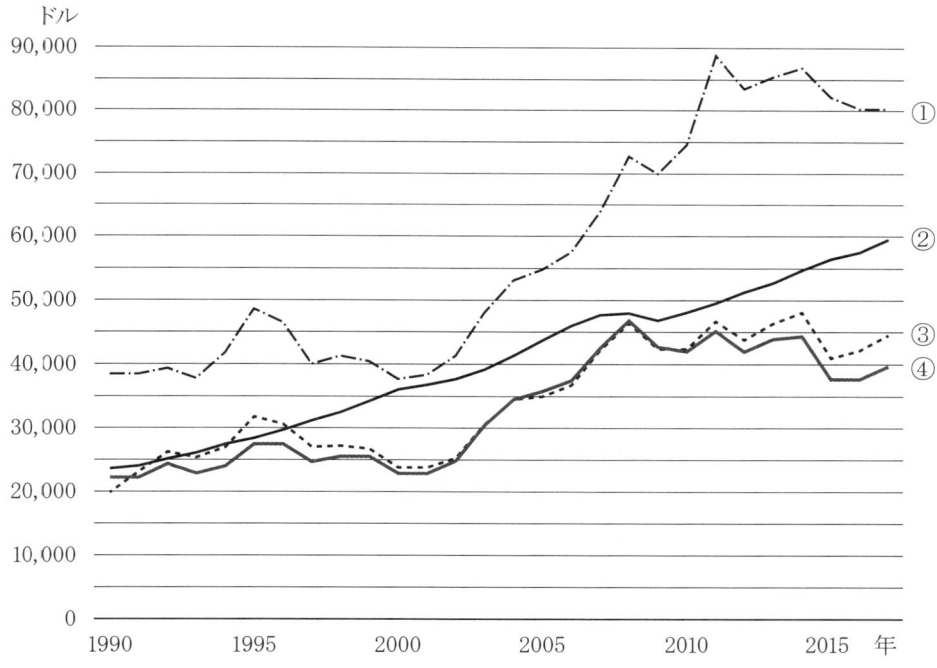

IMFデータより作成

第1回　実戦問題

(2) 下線部2に関して，ジュネーブに本部を置かない国際機関を，次の①～④の中から一つ選びなさい。　**6**

① 国際労働機関（ILO）
② 国際司法裁判所（ICJ）
③ 国連難民高等弁務官事務所（UNHCR）
④ 世界貿易機関（WTO）

(3) 下線部3に関して，永世中立国に関する記述として最も適当なものを，次の①～④の中から一つ選びなさい。　**7**

① スイスは永世中立国であるため，武力を放棄し，正規軍を保有していない。
② 永世中立国は他国間の戦争に参加しないといった中立の立場を宣誓するものである。
③ 世界で国連によって永世中立国として認められているのはスイスのみである。
④ スイスは永世中立国であるがEU（欧州連合）は武力連合ではないという立場からEUに加盟している。

(4) 下線部4に関して，ジュネーブで主に使われている言語として最も適当なものを，次の①～④の中から一つ選びなさい。　**8**

① ドイツ語
② フランス語
③ イタリア語
④ ロマンシュ語

問3 金本位制に関する記述として文章中の空欄 a , b に当てはまる語の組み合わせとして最も適当なものを，次の①〜④の中から一つ選びなさい。 9

19世紀末に確立した金本位制は，第二次世界大戦まで幾度もの変遷を経て，アメリカドルを中心とした a 体制に移行し継続されてきたが，1971年の b によって，実質的に金本位制は終焉した。

	a	b
①	スミソニアン	レーガノミクス
②	スミソニアン	ニクソン・ショック
③	ブレトン・ウッズ	レーガノミクス
④	ブレトン・ウッズ	ニクソン・ショック

注）スミソニアン(Smithsonian)，レーガノミクス(Reaganomics)，ブレトン・ウッズ(Bretton Woods)，ニクソン・ショック(Nixon Shock)

問4 貿易に関する記述として文章中の空欄 a , b に当てはまる語の組み合わせとして最も適当なものを，次の①〜④の中から一つ選びなさい。 10

国家間の貿易に関して，リカード(Ricardo)は a に基づく自由貿易を主張した。一方で b の経済学者リスト(Friedrich List)は国内産業の育成を重視する保護貿易論を唱えた。

	a	b
①	比較優位	イギリス
②	比較優位	ドイツ
③	加工貿易	イギリス
④	加工貿易	ドイツ

問5 景気循環に関するA～Dの波を周期の短い順に並べたものとして正しいものを，次の①～④の中から一つ選びなさい。

A：ジュグラーの波
B：コンドラチェフの波
C：キチンの波
D：クズネッツの波

① C→A→D→B
② A→D→B→C
③ C→D→A→B
④ A→C→B→D

注）ジュグラー (Jugura)，コンドラチェフ (Kondratieff)，キチン (Kitchin)，クズネッツ (Kuznets)

問6 次のグラフは，2018年度の日本の歳出と歳入の内訳を表したものである。このグラフのA〜Dに当てはまる語の組み合わせとして最も適当なものを，下の①〜④の中から一つ選びなさい。12

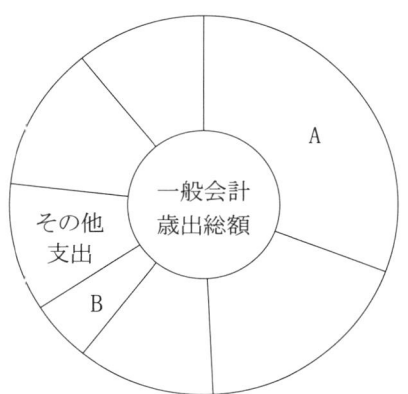
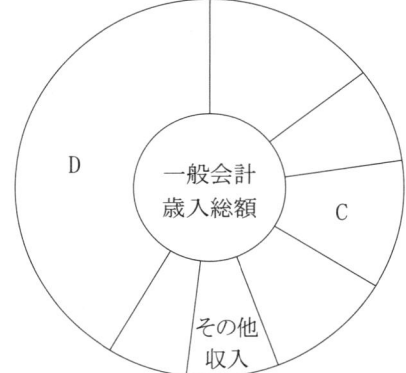

財務省データより作成

	A	B	C	D
①	防衛費	社会保障関係費	赤字公債	消費税
②	公共事業	国債利払	法人税	所得税
③	社会保障関係費	防衛費	消費税	赤字公債
④	地方交付金	文教費	相続税	所得税

第1回　実戦問題

問7 次の文章を読み，文章中の空欄 a ， b に当てはまる語の組み合わせとして最も適当なものを，下の①〜④の中から一つ選びなさい。　13

市場原理に基づいて経済活動が行われる際に，その結果，無関係な第三者が不利益を被る a の問題が発生する。この具体例としては b があげられる。

	a	b
①	情報の非対称性	市場の独占
②	情報の非対称性	騒音などの公害
③	外部不経済	市場の独占
④	外部不経済	騒音などの公害

問8 次の文章を読み，文章中の空欄 a ， b に当てはまる語の組み合わせとして最も適当なものを，下の①〜④の中から一つ選びなさい。　14

a は国家が積極的に経済に介入することで有効需要を創出し，完全雇用を実現するべきであると主張し，ニューディール政策の理論的支柱となった。 b は「イノベーション」が経済発展の動力であり，それを可能にするのが銀行による信用創造であると主張した。

	a	b
①	ケインズ	マルサス
②	ケインズ	シュンペーター
③	フリードマン	マルサス
④	フリードマン	シュンペーター

注）ケインズ（John Maynard Keynes），マルサス（Thomas Robert Malthus），シュンペーター（Schumpeter），フリードマン（Milton Friedman）

問9　株式会社に関する記述として最も適当なものを，次の①〜④の中から一つ選びなさい。

15

① 日本では持株会社の設立は独占禁止の観点から認められていない。
② 株式会社はそれ自体が権利・義務の主体となることができる。
③ 株主は株の過半数を超えて保持している場合，その責任は出資額を超えて求められる。
④ 株式会社における最高の意思決定機関は取締役会である。

問10　次の図は，日本，アメリカ，デンマーク(Denmark)，ギリシャ(Greece)の1人あたり社会保障費の推移を示したものである。図のA〜Dの組み合わせとして最も適当なものを，下の①〜④の中から一つ選びなさい。

16

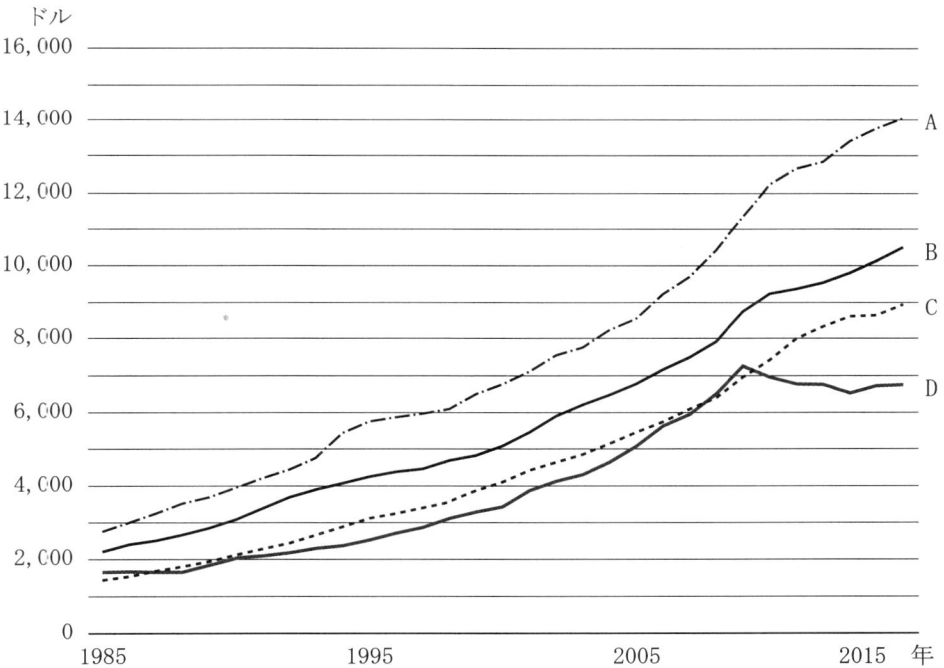

OECDデータより作成

	A	B	C	D
①	ギリシャ	デンマーク	日本	アメリカ
②	アメリカ	日本	ギリシャ	デンマーク
③	デンマーク	アメリカ	日本	ギリシャ
④	アメリカ	デンマーク	ギリシャ	日本

第1回　実戦問題

問11　次のグラフは，アメリカのGDPの実質成長率の推移を表したものである。これをもとにしたアメリカ経済に関する記述として**適当でないもの**を，下の①～④の中から一つ選びなさい。

17

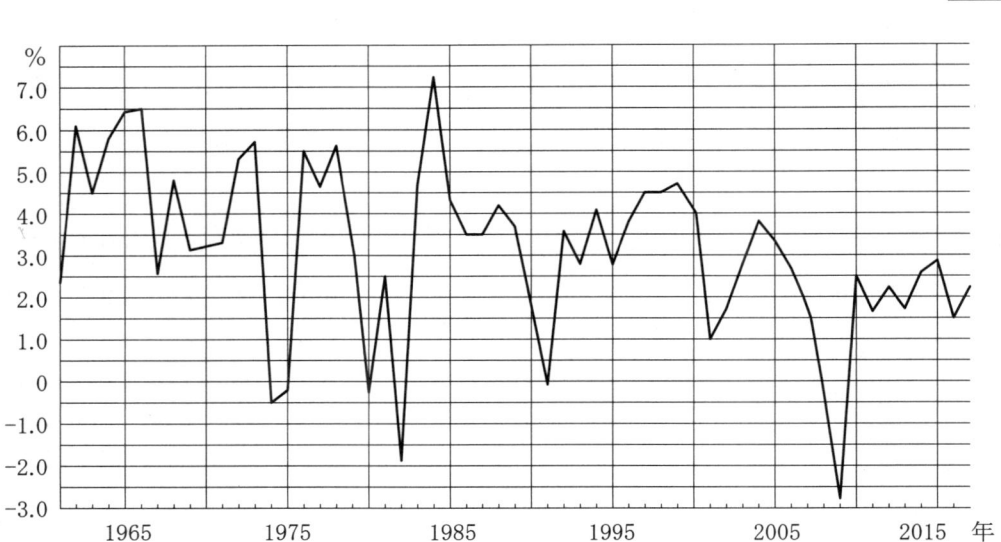

世界銀行データより作成

① 1973年から1974年にかけての大きな落ち込みは第一次石油危機が原因である。

② 1980年代の経済の回復はニクソン大統領による経済のテコ入れ政策が成功したことに起因する。

③ 1990年代の景気拡大は新興産業であるIT産業の成長によって支えられていた。

④ 2008年～2009年における大きな落ち込みはリーマンショックによるものである。

問12 次の文章を読み，文章中の空欄 a ， b に当てはまる語の組み合わせとして最も適当なものを，下の①〜④の中から一つ選びなさい。　18

　日本でも1990年代以降，時代の要請に応じて新しい法律が作られてきた。そのうち，消費者を商品の欠陥から保護するため a が制定された。また2005年には小泉内閣のもと， b 民営化法が定められ， b 事業が一部民営化された。

	a	b
①	独占禁止法	製塩
②	独占禁止法	郵政
③	PL法	製塩
④	PL法	郵政

第1回　実戦問題

問13　次の雨温図が示す日本の地域として正しいものを，下の①～④の中から一つ選びなさい。

19

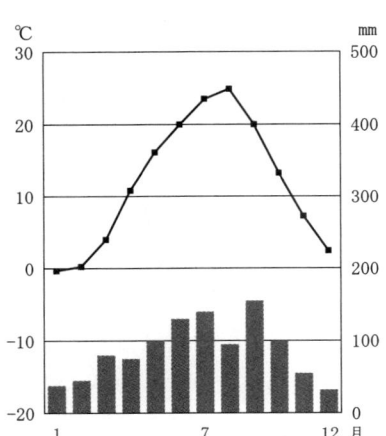

問14 スリランカ（Sri Lanka）は日本と同じ島国である。スリランカの位置が正しく描かれている地図を，次の①～④の中から一つ選びなさい。 20

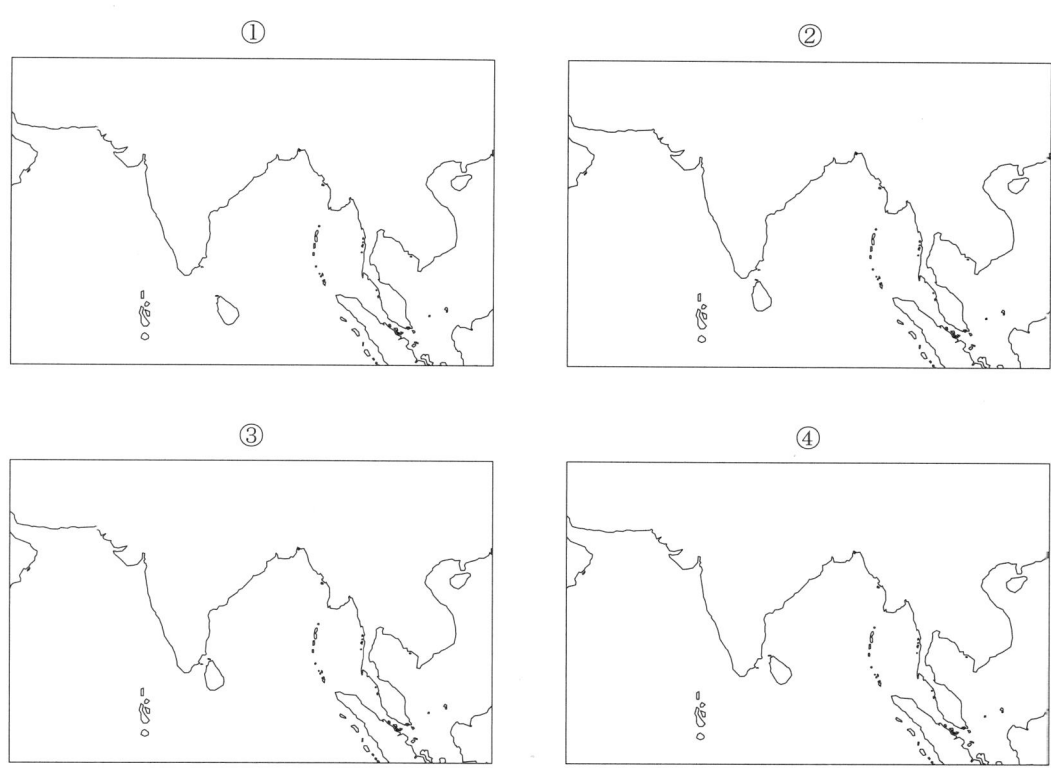

問15 次の表は，2013年における日本，アメリカ，カナダ（Canada），フランスの品目別食料自給率を表したものである。この中からフランスに当てはまるものを，下の①～④の中から一つ選びなさい。　21

単位：%

	穀類	いも類	豆類	野菜類	果実類	肉類	牛乳・乳製品	魚介類
A	28	76	9	79	40	55	64	55
B	127	96	171	90	74	116	104	70
C	189	116	78	73	57	98	123	30
D	202	147	346	55	17	129	95	96

農林水産省ウェブサイトより作成

① A
② B
③ C
④ D

問16 次の文章を読み，文章中の空欄 a ， b に当てはまる語の組み合わせとして最も適当なものを，下の①～④の中から一つ選びなさい。　22

アメリカ合衆国の西部には巨大な山脈が横たわり，気候の大きな分かれ目になっている。中央部には a に代表される平原が広がり，東部の大西洋（Atlantic Ocean）側には b であるアパラチア山脈（Appalachian Mountains）が横たわっている。

	a	b
①	グレートプレーンズ	古期造山帯
②	グレートプレーンズ	新期造山帯
③	スカンジナビア	古期造山帯
④	スカンジナビア	新期造山帯

問17 2019年のG20サミットの開催地は大阪である。大阪の位置として正しいものを次の①～④の中から一つ選びなさい。　23

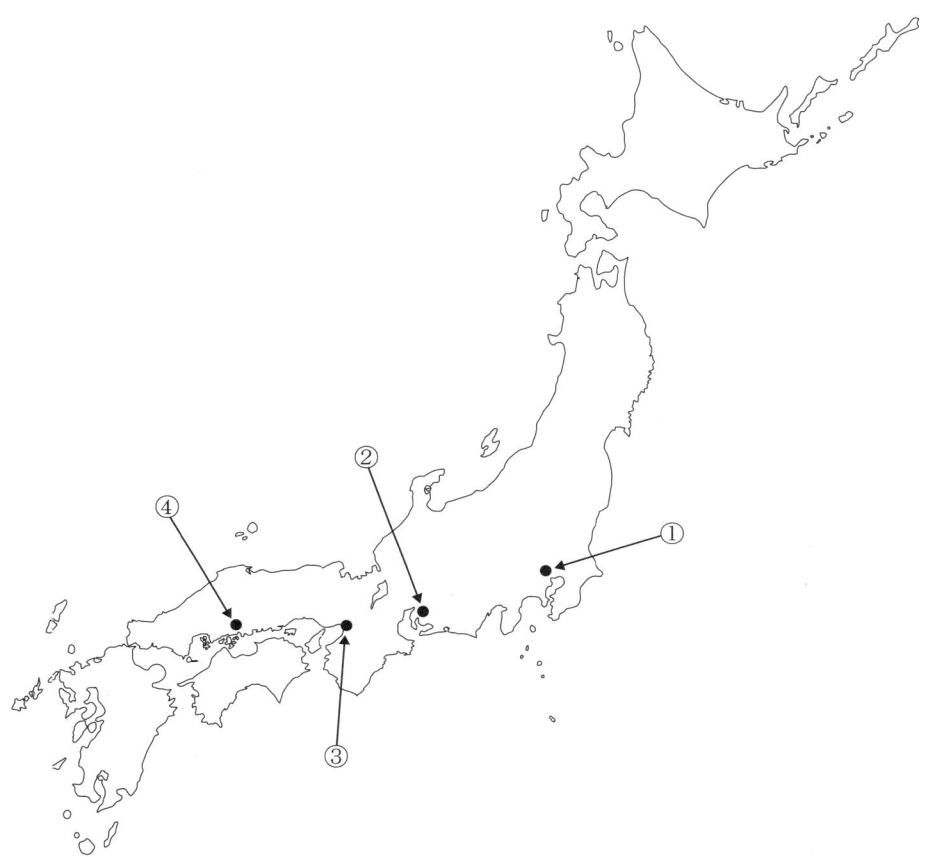

問18 日本の内閣に関する記述として<u>適当でないもの</u>を，次の①～④の中から一つ選びなさい。　24

① 内閣は大日本帝国憲法下だった時代から行政権を認められていた。

② 内閣不信任案が決議された場合，10日以内に衆議院が解散されない限り内閣は総辞職をしなければならない。

③ 内閣を構成する国務大臣のうち，過半数は国会議員でなければならない。

④ 内閣総理大臣を含めて，国務大臣はすべて文民でなければならない。

第1回　実戦問題

問19 次の文章を読み，文章中の空欄 a ， b に当てはまる語の組み合わせとして最も適当なものを，下の①〜④の中から一つ選びなさい。 25

　アメリカの政治体制は共和党と a の二大政党制である。そして，大統領選挙では，各党は州ごとに割り振られた数の選挙人を一般選挙の結果， b し，その選挙人が各党の大統領候補に投票する間接選挙制である。

	a	b
①	民主党	過半数の党がその州の選挙人をすべて獲得
②	民主党	得票数に比例して獲得
③	自由党	過半数の党がその州の選挙人をすべて獲得
④	自由党	得票数に比例して獲得

問20 次の文章を読み，文章中の空欄 a ， b に当てはまる語の組み合わせとして最も適当なものを，下の①〜④の中から一つ選びなさい。 26

　国家の3要素は，領域，人民， a とされている。そのうち，領域は領土・領空・領水から構成されており，特に領水のうち，領海は沿岸から b カイリとされている。

	a	b
①	元首	12
②	元首	200
③	主権	12
④	主権	200

問21　圧力団体に関する記述として<u>適当でないもの</u>を，次の①～④の中から一つ選びなさい。

27

① 圧力団体はそれ自体が政権の獲得を目指すことがある。
② 圧力団体の代表例としてアメリカの銃規制に反対する銃製造業者の団体が挙げられる。
③ 圧力団体が自分たちの利益の実現のために政党や議員に圧力をかけることをロビー活動という。
④ 日本では圧力団体がその団体出身の議員を政党に送り出すことなどによって影響力を行使している。

問22　次の文章を読み，文章中の空欄 a , b に当てはまる語の組み合わせとして最も適当なものを，下の①～④の中から一つ選びなさい。

28

　日本の選挙制度は，小選挙区制と a を組み合わせたものが採用されている。これは小選挙区制の欠点である b というデメリットを a によって補い，できるだけ民意を反映しつつ，選挙にかかる費用を抑えるためにこのような仕組みが採用されている。

	a	b
①	大選挙区制	死票が多い
②	大選挙区制	小党分立となる
③	比例代表制	死票が多い
④	比例代表制	小党分立となる

第1回 実戦問題

問23 次の文章を読み，文章中の空欄 a ， b に当てはまる語の組み合わせとして最も適当なものを，下の①〜④の中から一つ選びなさい。29

　第二次世界大戦後，日本では日本国憲法のもと，団結権， a ，団体行動権（争議権）と呼ばれる労働三権が保障されるようになった。ただし，団体行動権（争議権）についてはその職務の特殊性と公共性から b による行使は法律で禁止されている。

	a	b
①	団体請求権	地方・国会議員
②	団体請求権	地方・国家公務員
③	団体交渉権	地方・国会議員
④	団体交渉権	地方・国家公務員

問24 2011年にアフリカ（Africa）で南スーダン（South Sudan）が独立し，国連の193番目の加盟国となった。その位置として正しいものを，次の地図の①〜④の中から一つ選びなさい。30

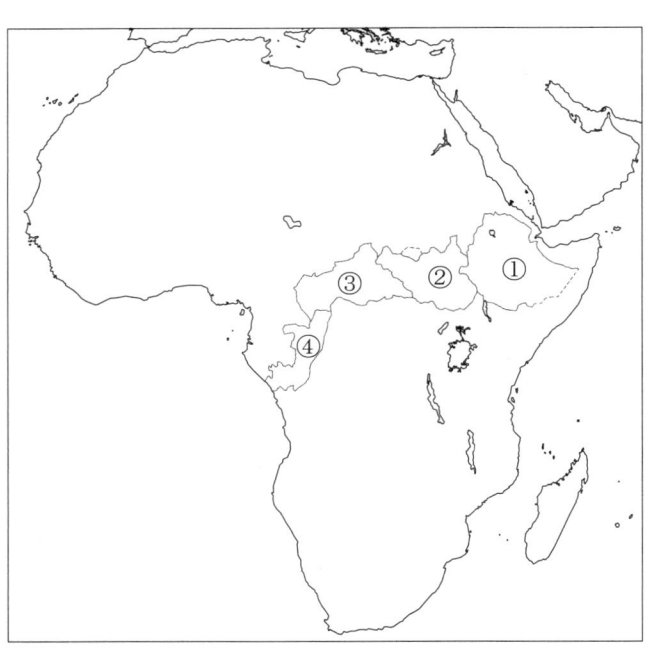

問25 次のグラフは，2017年の国連分担金の上位10カ国とその他の国の割合を表したものである。グラフのAとBに入る国名の組み合わせとして最も適当なものを，下の①～④の中から一つ選びなさい。 31

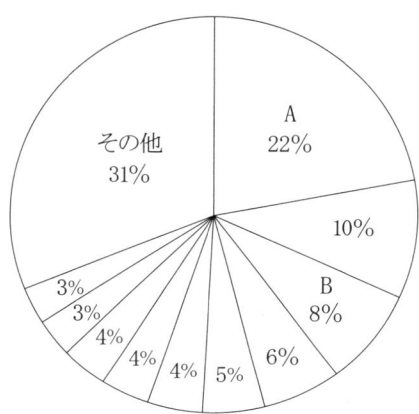

財務省ウェブサイトより作成

	A	B
①	アメリカ	中国 (China)
②	アメリカ	日本
③	日本	アメリカ
④	日本	中国

問26 EU（欧州連合）に関する記述として最も適当なものを，次の①～④の中から一つ選びなさい。 32

① EUは1993年のローマ条約の発効によって発足した。
② イギリスは国民投票の結果，2018年にEUを離脱した。
③ トルコ(Turkey)のEU加盟は長い間交渉が続いていたが，2018年にEU加盟が承認された。
④ スウェーデン（Sweden）はEUには加盟しているが，ユーロは導入されていない。

第1回　実戦問題

問27 冷戦時代，西側陣営と東側陣営のどちらにも属さない「第三世界」が存在した。この「第三世界」に関する記述として**誤っているもの**を，次の①～④の中から一つ選びなさい。

33

① 第三世界ではインドネシア（Indonesia）のティトー（Tito）が指導的な役割を果たした。
② 第三世界には第二次世界大戦後独立を勝ち取ったアジア・アフリカの国が所属していた。
③ 第三世界は1955年のアジア・アフリカ会議によって，その存在を世界に示した。
④ 第三世界の首脳が集まる非同盟諸国首脳会議は現在まで断続的に開催されている。

問28 ケネディ（John F. Kennedy）大統領の時代にアメリカで起きた出来事について最も適当なものを，次の①～④の中から一つ選びなさい。

34

① 日本との間に日米安全保障条約を結ぶなど西側陣営の結束を高めた。
② 新自由主義を提唱し，「小さな政府」を目指して財政再建を行った。
③ ベトナム戦争（Vietnam War）に介入し，多数のアメリカ軍をベトナムに派遣した。
④ ソ連との間で緊張関係が高まり，キューバ（Cuba）へのミサイル配備を巡ってキューバ危機が発生した。

問29 A〜Dの日本の第二次世界大戦後の出来事を年代順に並べ替えたものとして正しいものを，次の①〜④の中から一つ選びなさい。 35

A：東京で日本初の夏季オリンピックが開催された。
B：サンフランシスコ講和条約（Treaty of Peace with Japan）が締結された。
C：保守陣営が自民党，革新勢力が社会党に集結し，長く続く1と2分の1政党制が始まった。
D：沖縄がアメリカから日本に返還された。

① B→A→D→C
② B→C→D→A
③ C→B→D→A
④ B→C→A→D

問30 日露戦争（Russo-Japanese War）に関する記述として適当でないものを，次の①〜④の中から一つ選びなさい。 36

① 日露戦争期間中，ロシア（Russia）では血の日曜日事件が発生し，これをきっかけに第一次ロシア革命が発生した。
② ロシアは日露戦争の結果，バルカン（Balkans）方面への進出を図ることとなり，第一次世界大戦の遠因となった。
③ 日露戦争における日本の勝利はアジア諸国の独立運動に大きな影響を与えた。
④ 日露戦争の講和条約として，イギリスが仲介となりポーツマス条約を締結した。

第1回 実戦問題

問31 次の文章を読み，文章中の空欄 a ， b に当てはまる語の組み合わせとして最も適当なものを，下の①〜④の中から一つ選びなさい。 37

　第二次世界大戦直後，日本経済を自立させる目的でアメリカから派遣された a は日本の財政を健全化させるため，緊縮財政，為替レートの b ，開放経済体制への移行を行った。この結果，インフレーションを防ぐことができた一方，国内では中小企業の倒産や失業率の悪化などの影響が生じた。

	a	b
①	マーシャル	固定化
②	マーシャル	変動化
③	ドッジ	固定化
④	ドッジ	変動化

注) マーシャル (Marshall)，ドッジ (Dodge)

問32 世界的に核軍縮の取り組みが進められている。その中で，核を平和的に利用するため，各国で核査察などを行っている国際機関の名称を，次の①〜④の中から一つ選びなさい。 38

① CTBT
② IAEA
③ UNHCR
④ NPT

総合科目の問題はこれで終わりです。解答欄の 39 〜 60 はマークしないでください。

この問題冊子を持ち帰ることはできません。

第 **2** 回

実戦問題
解答時間 80 分

正解と得点分布図確認

QRコードを読み取ってオンライン解答用紙に解答を記入し、正解と得点分布を確認してください。

問1　次の文章を読み，下の問い(1)〜(4)に答えなさい。

　2019年，日本でラグビーワールドカップ（Rugby World Cup）が開催される。これまで8回開催されたラグビーワールドカップで優勝回数が最も多いのは3回の₁ニュージーランド(New Zealand)で，2回の₂オーストラリア(Australia)が続き，第5回のイングランド（England）を除き₃南半球の国が優勝している。さらに翌年の2020年には東京で₄夏季オリンピック(Olympic Games)が開催され，日本では2年連続で世界的なスポーツイベントが開催されることとなっている。

(1)　下線部1に関して，ニュージーランドの輸出品目の割合として最も高いものを，次の①〜④の中から一つ選びなさい。　　　　　　　　　　　　　　　　　　　　　　　　　1

① 木材
② 肉類
③ 酪農製品
④ 機械類

(2) 下線部2に関して，オーストラリアの首都の位置として正しいものを，次の①〜④の中から一つ選びなさい。　2

(3) 下線部3に関して，ラグビー強豪国が南半球に多いのは，ある国の植民地が多かったことも理由として挙げられている。この国として正しいものを，次の①〜④の中から一つ選びなさい。　3

① フランス（France）
② ベルギー（Belgium）
③ イギリス（UK）
④ スペイン（Spain）

(4) 下線部 4 に関して，ヨーロッパ（Europe）の都市で夏季オリンピックが開催されたことのない都市として正しいものを，次の①〜④の中から一つ選びなさい。 4

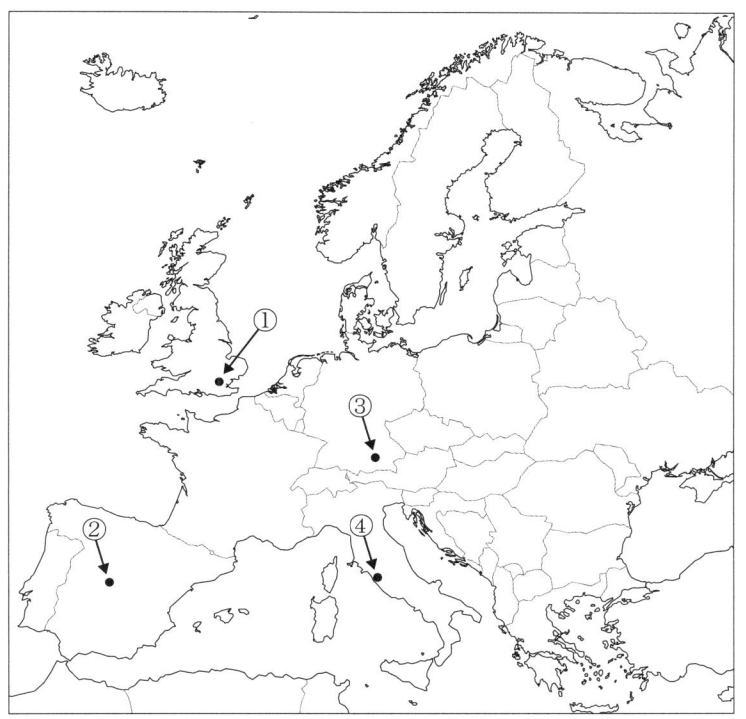

第2回 実戦問題

問2 次の文章を読み，下の問い(1)～(4)に答えなさい。

　₁アメリカ(USA)はメキシコ(Mexico)との国境において，移民の流入を防ぐための壁の建設を計画しており，大きな論争を引き起こしている。アメリカとメキシコは1840年代に起きた₂米墨戦争(Mexican-American War)によってメキシコ領の半分がアメリカ領となった。その後，両国の経済格差からメキシコからアメリカを目指す移民が増加し，₃ヒスパニック系(Hispanic)の人口はアメリカ全体の30％を超えるまでになっている。また，現在では違法薬物₄密輸の問題も相まって現政権のトランプ(Donald John Trump)大統領がさらなる強硬姿勢を取っている。

(1) 下線部1に関して，アメリカ独立宣言を起草した人物として正しいものを，次の①～④の中から一つ選びなさい。　5

① トーマス・ジェファーソン (Thomas Jefferson)
② ジョージ・ワシントン (George Washington)
③ トマス・ペイン (Thomas Paine)
④ モンテスキュー (Montesquieu)

(2) 下線部2に関して，米墨戦争の発端となった現アメリカ領となっている州の場所として正しいものを，次の①～④の中から一つ選びなさい。　6

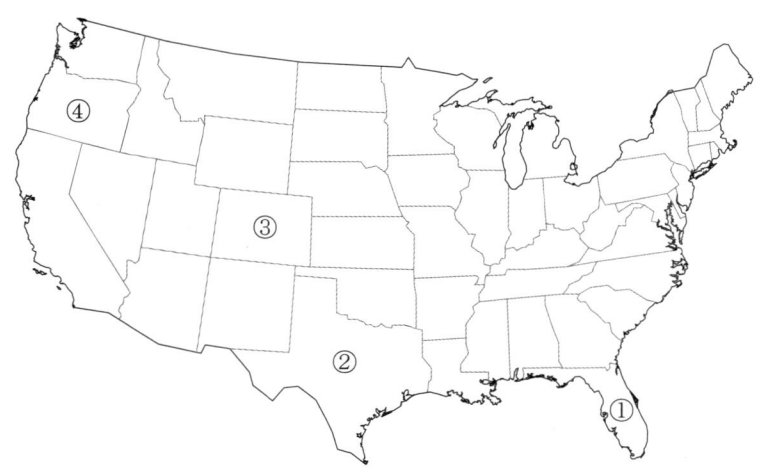

(3) 下線部 3 に関して，次の図は，アメリカ各州におけるヒスパニックの人口の分布を表したものであり，色が濃いほど人口が多い。ヒスパニックの人口の分布を表す地図として正しいものを，下の①〜④の中から一つ選びなさい。　7

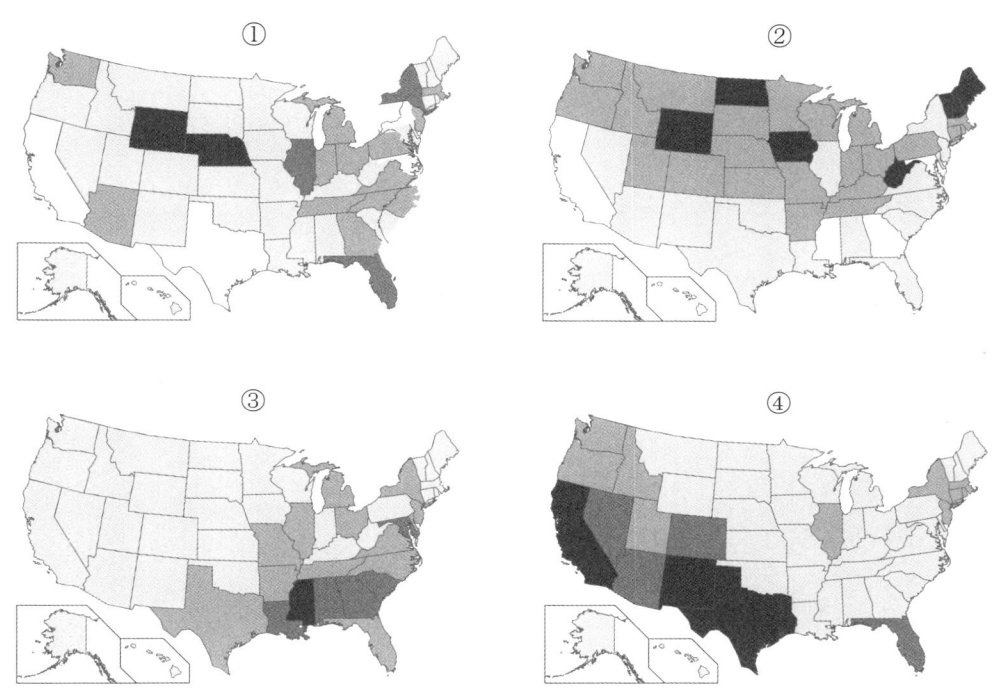

(4) 下線部 4 に関して，貿易面では1994年からアメリカとメキシコは貿易協定を締結している。その略称として正しいものを，次の①〜④の中から一つ選びなさい。　8

① NAFTA
② AFTA
③ COMECON
④ TPP

問3　次の図は，パンの需要曲線と供給曲線を示したものである。パンの需要が高まったときの均衡点Xの移動する方向として正しいものを，下の①～④の中から一つ選びなさい。

9

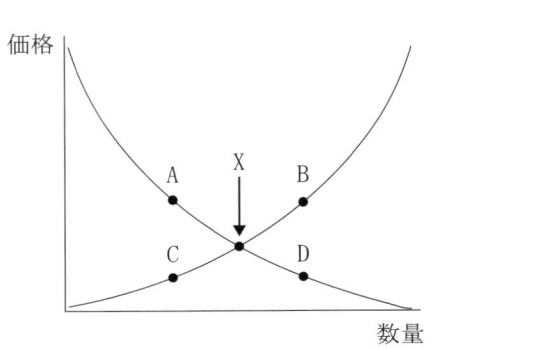

① Aの方向
② Bの方向
③ Cの方向
④ Dの方向

問4　次の文章を読み，文章中の空欄 a ， b に当てはまる語の組み合わせとして最も適当なものを，下の①～④の中から一つ選びなさい。

10

中央銀行の業務としては， a を発行する「発券銀行」，市中銀行への貸出や資金の移動を行う「銀行の銀行」，政府への貸付等の「政府の銀行」の3つの業務がある。また，金融政策として市中銀行から預かる資金の割合を調整する b を行うことがある。

	a	b
①	国債	預金準備率操作
②	紙幣	預金準備率操作
③	国債	公開市場操作
④	紙幣	公開市場操作

問5 フランス人権宣言について述べた次の文章中の空欄 a ， b に当てはまる語の組み合わせとして最も適当なものを，下の①～④の中から一つ選びなさい。 11

フランス人権宣言は a らによって起草され，自然権，国民主権，権力分立， b などを規定している。

	a	b
①	ラファイエット	男女の平等
②	ラファイエット	私有財産の不可侵
③	ルソー	男女の平等
④	ルソー	私有財産の不可侵

注）フランス人権宣言（Declaration of the Rights of Man and of the Citizen），ラファイエット（La Fayette），ルソー（Rousseau）

問6 次のグラフは，日本，アメリカ，中国（China），ギリシャ（Greece）の政府債務残高の対GDP比の推移を表したものである。このグラフのA～Dの組み合わせとして最も適当なものを，下の①～④の中から一つ選びなさい。 12

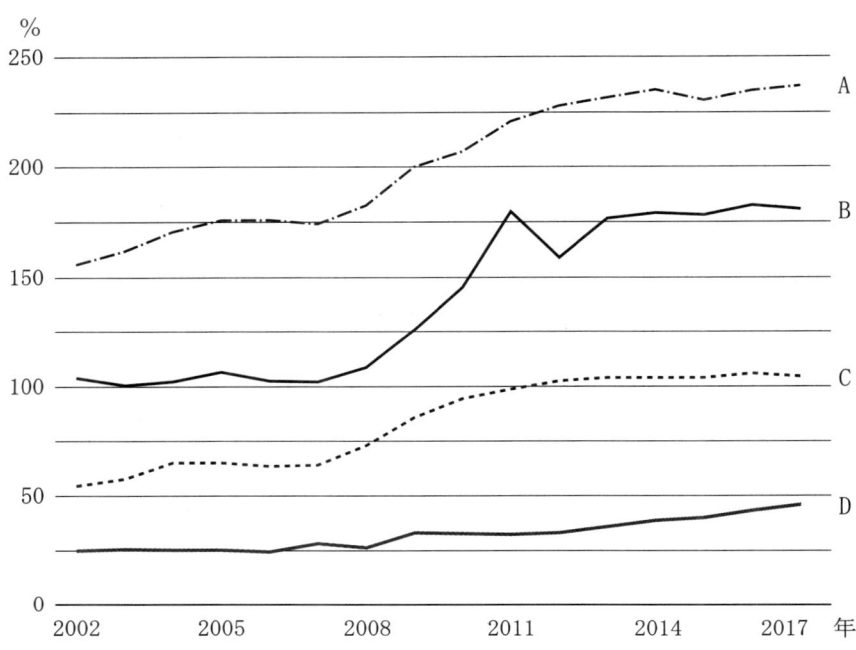

IMFのデータより作成

	A	B	C	D
①	日本	ギリシャ	アメリカ	中国
②	日本	中国	ギリシャ	アメリカ
③	ギリシャ	中国	日本	アメリカ
④	ギリシャ	アメリカ	日本	中国

問7 次の文章を読み，文章中の空欄 a ， b に当てはまる語の組み合わせとして最も適当なものを，下の①〜④の中から一つ選びなさい。 13

　日本では1990年代に円高が進んだ結果，a が減少し，日本の国内経済に大きな影響を与えた。その後，2000年代前半は円安となったが，アメリカを起点とする b が発生した2000年代後半には再び円高傾向となった。

	a	b
①	輸入	ブラック・マンデー
②	輸入	リーマン・ショック
③	輸出	ブラック・マンデー
④	輸出	リーマン・ショック

注）ブラック・マンデー（Black Monday），リーマン・ショック（The Financial Crisis）

問8 次の文章を読み，文章中の空欄 a ， b に当てはまる語の組み合わせとして最も適当なものを，下の①〜④の中から一つ選びなさい。 14

　1990年代前半，日本は a による経済の急速な減速に直面した。これとほぼ同時期，1980年代後半から b を始めとした対米輸出が好調であり，日米貿易摩擦の原因となっていた。

	a	b
①	バブル崩壊	鉄鋼
②	バブル崩壊	自動車
③	第二次石油危機	鉄鋼
④	第二次石油危機	自動車

注）第二次石油危機（The second oil crisis）

第2回　実戦問題

問9 次の文章を読み，文章中の空欄 a ， b に当てはまる語の組み合わせとして最も適当なものを，下の①～④の中から一つ選びなさい。　15

　a はドイツ（Germany）の工業化を目的として保護貿易を主張した。また，第二次世界大戦前の戦間期にはイギリスをはじめとした各国が保護貿易を行っていた。この原因となったのは1929年にアメリカを発端として起きた大恐慌である。この大恐慌は b の理論に基づくニューディール政策によって景気が上向くまで世界的に大きな爪痕を残した。

	a	b
①	リスト	ケインズ
②	リスト	スミス
③	リカード	ケインズ
④	リカード	スミス

注）リスト（Friedrich List），リカード（David Ricardo），ケインズ（John Maynard Keynes），スミス（Adam Smith）

問10 次の図は，1990年～2016年にかけての日本，中国，ロシア (Russia)，スイス (Switzerland) の平均寿命の推移を示したものである。図のA～Dの組み合わせとして最も適当なものを，下の①～④の中から一つ選びなさい。 16

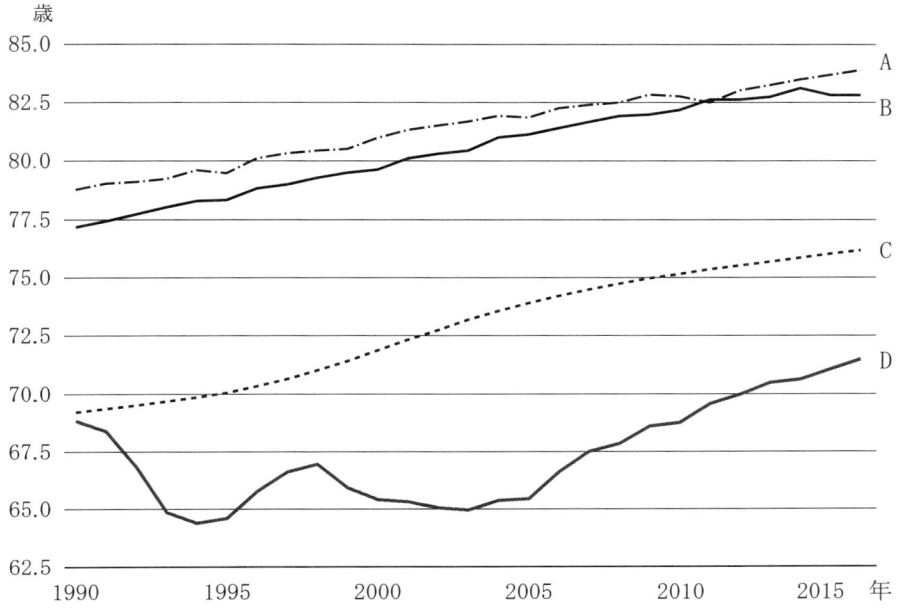

世界銀行資料より作成

	A	B	C	D
①	スイス	中国	日本	ロシア
②	日本	スイス	中国	ロシア
③	スイス	ロシア	日本	中国
④	日本	ロシア	スイス	中国

第2回 実戦問題

問11 次の文章を読み，文章中の空欄 a ， b に当てはまる語の組み合わせとして最も適当なものを，下の①〜④の中から一つ選びなさい。 17

ある国の昨年のGDPが500兆円，今年が a 兆円で物価上昇率が15%の時，名目経済成長率は20%であり，実質経済成長率は b %となる。

	a	b
①	575	2.0
②	575	4.3
③	600	2.0
④	600	4.3

問12 日本の納税制度に関する記述として**適当でないもの**を，次の①〜④の中から一つ選びなさい。 18

① 日本では「富の再分配」を実施するため，所得税などの税については累進課税が導入されている。
② 日本では1980年代以降，法人税率が下がっている。
③ 日本では国の収入になる国税と地方自治体の収入になる地方税が存在する。
④ 日本では直接税と間接税の比率がほぼ同じになっている。

問13 次の表は，2017年の日本の電力発電量の構成比を表したものである。Bに当てはまる電源として正しいものを，下の①〜④の中から一つ選びなさい。　19

	構成比(%)
A	42
B	32
C	9
D	8

資源エネルギー庁「エネルギー白書2018」より作成

① 石炭
② 天然ガス
③ 原子力
④ 水力

問14 次の文章を読み，文章中の空欄 a ， b に当てはまる語の組み合わせとして最も適当なものを，下の①〜④の中から一つ選びなさい。　20

　日本の標準時は東経135度の子午線を基準に定められている。東京は少しずれたおおよそ東経 a 度の位置に存在している。一方で日本最東端である南鳥島はおおよそ北緯 b 度の位置に存在している。

	a	b
①	120	15
②	120	25
③	140	15
④	140	25

問15 日本の地理に関する次の文章中の空欄 a , b に当てはまる語の組み合わせとして最も適当なものを，下の①〜④の中から一つ選びなさい。 21

　日本の地形の大きな特徴として，約3万4000kmにもおよぶ海岸線を有していることが挙げられる。そのうち，三陸海岸や若狭湾に見られるような複雑な a は天然の良港を生み出している。また，黒潮（日本海流）や対馬海流といった b と親潮（千島海流）やリマン海流がぶつかる海域は潮目と呼ばれ，好漁場となっている。

	a	b
①	海岸平野	寒流
②	海岸平野	暖流
③	リアス式海岸	寒流
④	リアス式海岸	暖流

問16 次の地図に関して，東京—ニューヨーク（New York）間の最短航路を求める際に利用できるものを，下の①〜④の中から一つ選びなさい。 22

①
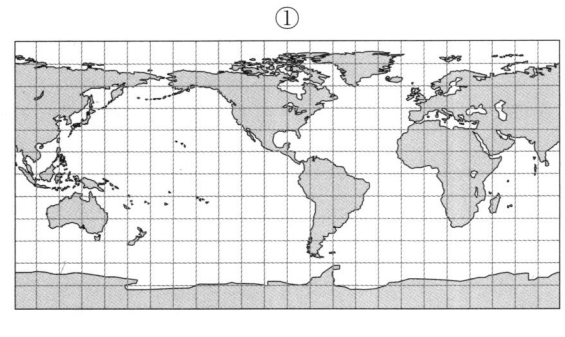

③
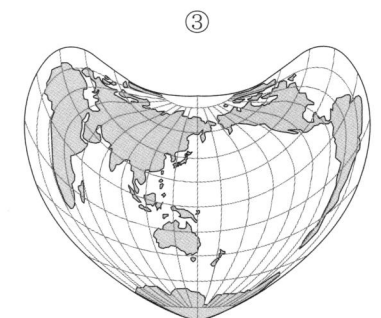

②
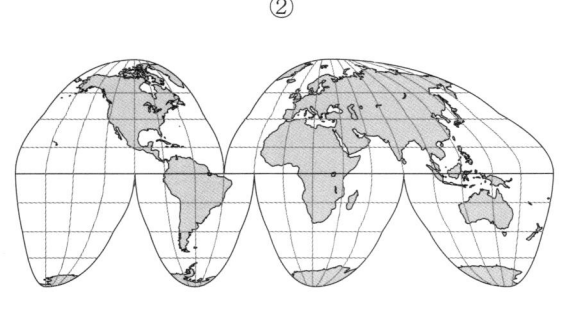

④
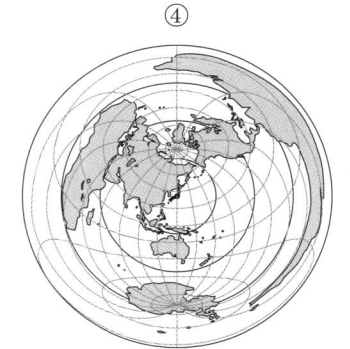

問17　世界における主食に関する記述として最も適当なものを，次の①～④の中から一つ選びなさい。　23

① 東アジア諸国では主食としてじゃがいもが食されており，特に中国や日本ではインディカ種のじゃがいもが主食として栽培されている。
② とうもろこしは主にメキシコなどで主食とされているが，その生産はアメリカや中国がおもな産地となっている。
③ コメは世界で広く主食とされているが，その生産はアメリカ大陸に限られている。
④ 小麦はアフリカ原産であり，今もヨーロッパではほとんどで食されていない。

問18　欧米の列強諸国は19世紀から20世紀にかけて，アフリカ・アジアを中心とした地域に植民地を増やしてきた。これに関して，これまでアジアに植民地を持ったことのない国を，次の①～④の中から一つ選びなさい。　24

① アメリカ
② イギリス
③ イタリア（Italy）
④ フランス

問19　ヨーロッパの中でも地中海沿岸諸国にはラテン系民族の国が多く分布している。次の地中海沿岸の国家に関して，主要な民族がラテン系ではない国を，下の①～④の中から一つ選びなさい。　25

① イタリア
② スペイン
③ フランス
④ ギリシャ

問20 次の文章を読み，文章中の空欄 a ， b に当てはまる語の組み合わせとして最も適当なものを，下の①～④の中から一つ選びなさい。 26

アメリカの政治体制では大統領に大きな権限が集まっており， a はすべて大統領に委ねられ，世界最大の陸海空軍の司令官でもある。一方でその権力の継続的な集中を防ぐため b は禁止されている。

	a	b
①	立法権	三選
②	立法権	四選
③	行政権	三選
④	行政権	四選

問21 日本国憲法に関する記述として最も適当なものを，次の①～④の中から一つ選びなさい。 27

① 日本国憲法は改正が容易な「軟性憲法」である。
② 日本国憲法は「基本的人権」の保障を強くうたっており，自由権や平等権について言及されている。
③ 日本国憲法では天皇が主権を持つとされている。
④ 日本国憲法では，社会権については言及されていない。

問22 日本では「新しい人権」と呼ばれる権利が問題となっている。この「新しい人権」に含まれないものを，次の①～④の中から一つ選びなさい。 28

① 環境権
② プライバシー権
③ 知る権利
④ 社会権

問23 日本の地方自治体に関する記述として最も適当なものを，次の①～④の中から一つ選びなさい。 29

① 日本の地方自治体は財政収入の不足を補う等の目的で地方債を発行することができる。
② 日本の各都道府県は独自の法律を制定することができる。
③ 日本の地方自治体全体の財政に占める国からの交付金・補助金の割合は20%以下となっている。
④ 日本の地方議会の被選挙権は20歳以上となっている。

問24 日本の司法制度に関する記述として**誤っているもの**を，次の①～④の中から一つ選びなさい。 30

① 日本の最高裁判所は違憲立法審査権を持ち，「憲法の番人」と言われる。
② 最高裁判所裁判官は国民審査によって審査される。
③ 日本の司法権は内閣の法務省に属している。
④ 日本の裁判は一つの事件に対して2回まで上訴できる三審制である。

問25 2000年代の国際情勢に関する記述として最も適当なものを，次の①～④の中から一つ選びなさい。 31

① アメリカで発生した同時多発テロをきっかけとして，アメリカはイラン（Iran）への攻撃を開始した。
② アフリカでは2002年に南スーダン（South Sudan）がエジプト（Egypt）から独立した。
③ イラク（Iraq）のタリバーン（Taliban）政権がアメリカの攻撃を受けて崩壊した。
④ 2002年にEU域内の12カ国が実体通貨としてのユーロの利用を開始した。

問26 国際機関に関する記述として**適当でないもの**を，次の①～④の中から一つ選びなさい。

32

① 世界保健機関（WHO）はニューヨークに本部をおき，感染症の撲滅等に取り組んでいる。
② 世界遺産は国際連合教育科学文化機関（UNESCO）によって指定される。
③ 国際司法裁判所（ICJ）の本部はオランダ（Netherlands）のハーグ（The Hague）に置かれている。
④ 国際通貨基金（IMF）は加盟国の金融の安定のため，各国の中央銀行の取りまとめを行っている。

問27 国際的な領土の取り決めに関する記述として**適当でないもの**を，次の①～④の中から一つ選びなさい。

33

① 国家の領域は「領土」，「領空」，「領海」の3要素で構成される。
② 領海とは別に資源等について定められた排他的経済水域は沿岸から12カイリとされている。
③ 南極は南極条約によってどの国の領土にも属さないとされている。
④ 世界では領土が別の国の領土によって分断されている国も存在する。

問28 女性の社会進出に関する記述として最も適当なものを，次の①～④の中から一つ選びなさい。

34

① イギリスでは産業革命期に女子の過重労働を規制する法律が施行された。
② アメリカでは建国当初から男女平等が憲法に規定されていた。
③ 1979年に国連において女性差別撤廃条約が採択され，国際的に男女平等への動きが高まった。
④ 日本では，大日本帝国憲法下で男女平等が規定されており，明治期から選挙権は男女平等であった。

問29 アフリカ諸国の公用語は植民地時代の旧宗主国に大きく影響されている。フランス語が**公用語ではない国**を，次の①～④の中から一つ選びなさい。35

① コートジボワール（Ivory Coast）
② カメルーン（Cameroon）
③ ケニア（Kenya）
④ セネガル（Senegal）

問30 日本とアメリカの貿易の歴史に関する次の文章中の空欄 a ， b に当てはまる語の組み合わせとして最も適当なものを，下の①～④の中から一つ選びなさい。36

日本は1980年代，アメリカとの間で貿易摩擦を抱えるようになった。その解消のため， a の b ラウンドで日本はアメリカからの牛肉とオレンジの輸入自由化を受け入れた。

	a	b
①	GATT	ドーハ
②	GATT	ウルグアイ
③	WTO	ドーハ
④	WTO	ウルグアイ

注）ドーハ（Doha），ウルグアイ（Uruguay）

第2回 実戦問題

問31 次の文章を読み，文章中の空欄 a ， b に当てはまる語の組み合わせとして最も適当なものを，下の①〜④の中から一つ選びなさい。　37

　第二次世界大戦末期，アメリカの a ，イギリスのチャーチル，ソ連のスターリンがドイツのポツダムで会談を行い，戦後処理について話し合った。しかし，この会談で国境問題を先延ばしにしたため， b に代表されるドイツ分断という問題を生むことになった。

	a	b
①	フランクリン・ルーズベルト	ベルリンの壁
②	フランクリン・ルーズベルト	嘆きの壁
③	トルーマン	ベルリンの壁
④	トルーマン	嘆きの壁

注）チャーチル (Churchill)，ソ連 (USSR)，スターリン (Joseph Stalin)，ポツダム (Potsdam)，フランクリン・ルーズベルト (Franklin Delano Roosevelt)，トルーマン (Harry S. Truman)，ベルリンの壁 (Berlin Wall)，嘆きの壁 (Wailing Wall)

問32 第二次世界大戦後から約50年間，資本主義国と共産主義国との間で冷戦が続いた。これに関する記述として最も適当なものを，次の①〜④の中から一つ選びなさい。　38

① 1962年にソ連がキューバ (Cuba) にミサイル基地を建設したことがきっかけでキューバ危機が発生した。

② 1968年にアメリカの支援のもと，チェコスロバキア (Czechoslovakia) で「プラハの春 (Prague Spring)」と呼ばれる改革が起きた。

③ 1985年，ソ連ではエリツィン (Boris Yeltsin) が主導となって，「ペレストロイカ (Perestroika)」と呼ばれる改革が始まった。

④ 1989年にはポーランド (Poland) のドプチェク (Alexander Dubcek) 大統領政権が打倒されるなど，東欧各国で相次いで共産党政権が崩壊し，冷戦の時代の終結が始まった。

総合科目の問題はこれで終わりです。解答欄の 39 〜 60 はマークしないでください。

この問題冊子を持ち帰ることはできません。

第3回

実戦問題
解答時間 80分

正解と得点分布図確認

QRコードを読み取ってオンライン解答用紙に解答を記入し、正解と得点分布を確認してください。

問 1 次の文章を読み，下の問い(1)〜(4)に答えなさい。

インド（India）は近年工業化がめざましく，₁BRICsの1つに数えられている。都市としては金融都市のムンバイ（Mumbai）やIT産業が集積する₂バンガロール(Bangalore)などの都市が発達している。また，気候としては₃熱帯低気圧の直撃を受けることもあり，多雨となる地域も存在する一方，北インドには砂漠地帯や高山で冷え込みの厳しい地域も存在する。₄人口は急増しており，2030年代には中国の人口を超えるとも予測されている。

(1) 下線部 **1** に関して，BRICsに含まれる国家として**適当でないもの**を，次の①〜④の中から一つ選びなさい。　　1

① シンガポール（Singapore）
② ブラジル（Brazil）
③ ロシア（Russia）
④ 口国（China）

(2) 下線部 **2** に関して，バンガロールの位置として最も適当なものを，次の①〜④の中から一つ選びなさい。　　2

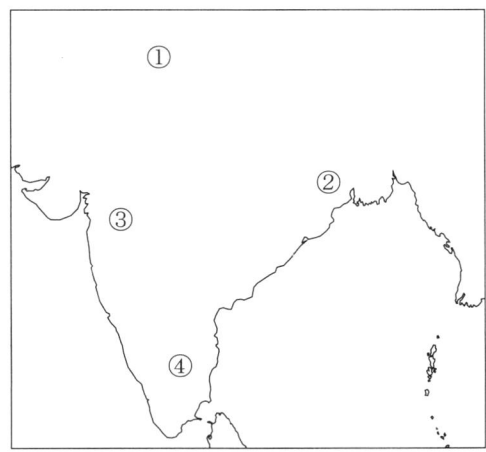

第3回 実戦問題

(3) 下線部3に関して，インドに上陸する熱帯低気圧の名称として正しいものを，次の①～④の中から一つ選びなさい。　3

① エルニーニョ（El Niño）
② ハリケーン（Hurricane）
③ サイクロン（Cyclone）
④ タイフーン（Typhoon）

(4) 下線部4に関して，インドの人口ピラミッドとして正しいものを，次の①～④の中から一つ選びなさい。　4

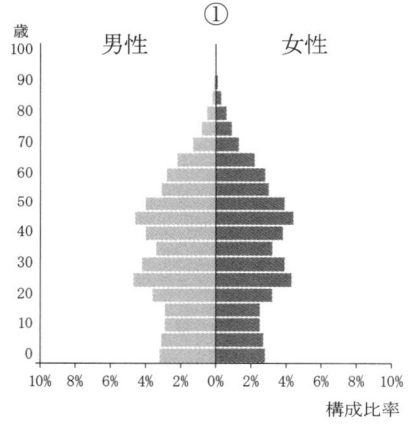
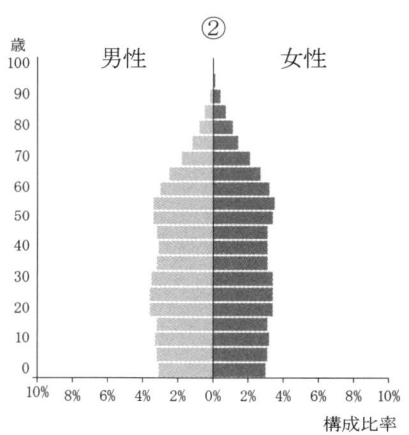
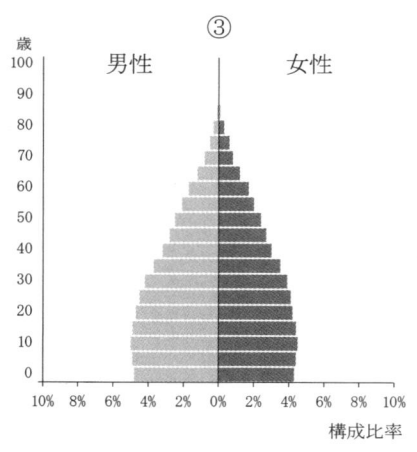
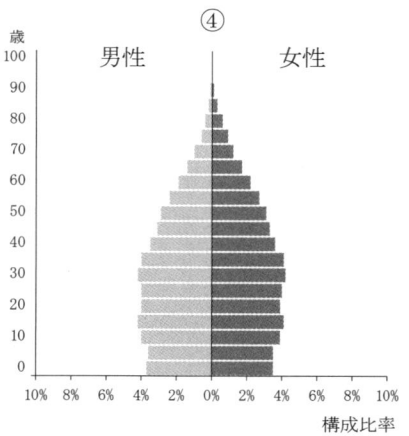

問2 次の文章を読み，下の問い(1)～(4)に答えなさい。

　₁欧州連合(EU)は欧州石炭鉄鋼共同体を源流とした欧州諸共同体(EC)を前身として1993年に設立された。EU内では域内の₂労働者，商品，サービス，資本の移動の自由が確保されている。一方で各国の経済状況を巡って足並みが揃わず，イギリス(UK)は2016年の国民投票の結果，EU離脱を決定した。中でも加盟国のうち，₃ギリシャ(Greece)・スペイン(Spain)といった国家の財政危機は深刻である。また，域内では₄地域通貨としてユーロ(Euro)が利用されている。

(1) 下線部**1**に関して，EU本部が置かれている国の位置として正しいものを，次の①～④の中から一つ選びなさい。　5

第3回　実戦問題

(2) 下線部2に関して、最初に解禁された「ヒトの移動の自由」を具体的に定めたものとして正しいものを、次の①～④の中から一つ選びなさい。　6

① マーストリヒト条約（Maastricht Treaty）
② シェンゲン協定（Schengen Agreement）
③ ローマ条約（Treaty of Rome）
④ リスボン条約（Treaty of Lisbon）

(3) 下線部3に関して、次の日本、フランス(France)、スペイン、ギリシャの失業率を表したグラフからギリシャに当てはまるものを、下の①～④の中から一つ選びなさい。　7

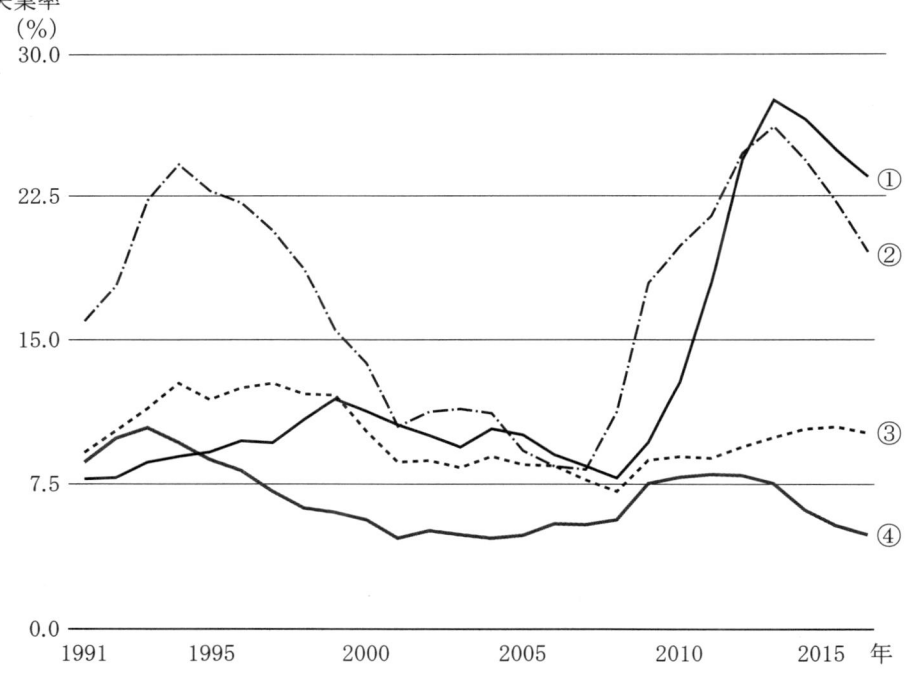

国際労働機関（ILO）のデータより作成

(4) 下線部 4 に関して，ユーロが<u>使われていない国</u>として正しいものを，次の①～④の中から一つ選びなさい。　　　8

① アイスランド（Iceland）
② アイルランド（Ireland）
③ イタリア（Italy）
④ スペイン

問3 次の図はある商品Xの需要と供給曲線を示したものである。Xの均衡価格が500円であったが，政府がこの商品Xの生産量を調整するため，Xに対して単位あたり300円の間接税を課した。課税後の税込み均衡価格Pについて正しいものを，下の①〜④の中から一つ選びなさい。 9

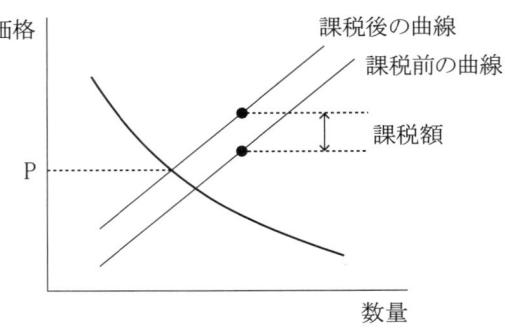

① P ≦ 200
② 200＜P＜500
③ 500＜P＜800
④ 800≦P

問4 中央銀行に関する次の文章中の空欄 a ， b に当てはまる語の組み合わせとして最も適当なものを，下の①〜④の中から一つ選びなさい。 10

中央銀行は不況時には， a オペレーションにより通貨量を増やす政策を実施し， b の拡大を防止する。

	a	b
①	売り	デフレーション
②	買い	デフレーション
③	売り	インフレーション
④	買い	インフレーション

問 5 アメリカ（USA）独立宣言に関する次の文章中の空欄 a ， b に当てはまる語の組み合わせとして最も適当なものを，下の①〜④の中から一つ選びなさい。 11

アメリカ独立宣言は a によって起草され，抵抗権と革命権の思想が盛り込まれたことに非常に大きな意義があった。この思想はイギリスの b の名誉革命を支えた思想に大きな影響を受けている。

	a	b
①	ジェファーソン	ホッブズ
②	ジェファーソン	ロック
③	フランクリン	ホッブズ
④	フランクリン	ロック

注）ジェファーソン（Thomas Jefferson），フランクリン（Benjamin Franklin），ホッブズ（Thomas Hobbes），ロック（John Locke）

第3回 実戦問題

問6 次のグラフは，外貨準備高の世界上位の国家の推移を表したものである。このグラフのA〜Dの組み合わせとして正しいものを，下の①〜④の中から一つ選びなさい。　12

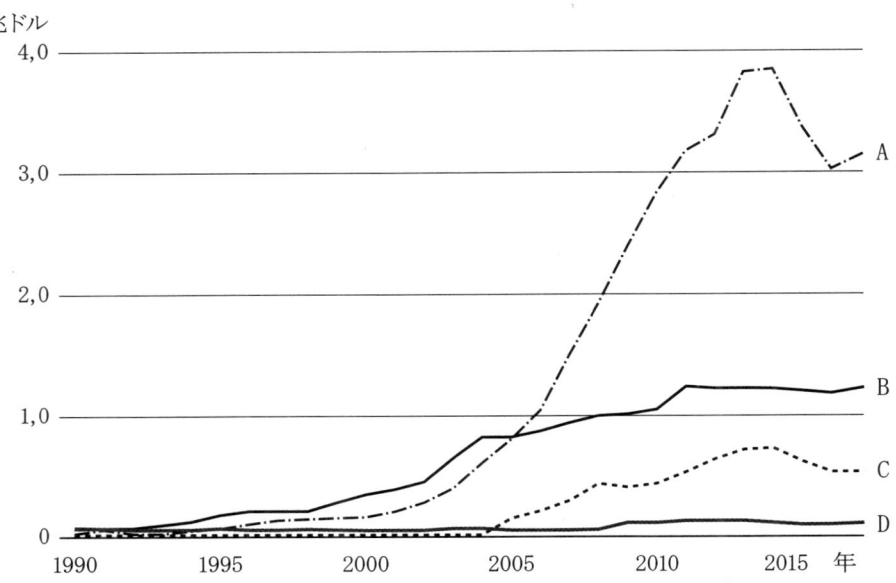

WGC統計データより作成

	A	B	C	D
①	アメリカ	中国	日本	サウジアラビア
②	中国	日本	サウジアラビア	アメリカ
③	アメリカ	日本	中国	サウジアラビア
④	中国	サウジアラビア	アメリカ	日本

注）サウジアラビア（Saudi Arabia）

問7 次の文章を読み，文章中の空欄 a , b に当てはまる語の組み合わせとして最も適当なものを，下の①～④の中から一つ選びなさい。 13

日本円が外国の通貨に対して円安になった場合は a が増加するが，日本企業への b 拠点への投資が減少することになる。

	a	b
①	日本人の海外旅行者	国内
②	日本人の海外旅行者	海外
③	訪日外国人	国内
④	訪日外国人	海外

問8 独占の一形態である「独立した企業の株式を親会社が持ち，実質的に支配する」状態を指す言葉として正しいものを，次の①～④の中から一つ選びなさい。 14

① トラスト（Trust）
② コンツェルン（Concern）
③ ダンピング（Dumping）
④ カルテル（Cartel）

問9 次の文章を読み，文章中の空欄 a ， b に当てはまる語の組み合わせとして最も適当なものを，下の①～④の中から一つ選びなさい。　15

　a は比較優位の考え方に基づき，自由貿易の重要性を主張した。これは b が主張した得意な分野に注力する絶対優位の考え方を発展させたもので，その後の資本主義経済の発展の礎（いしずえ）となった。

	a	b
①	マルサス	トマス・マン
②	マルサス	アダム・スミス
③	リカード	トマス・マン
④	リカード	アダム・スミス

注）リカード (David Ricardo)，マルサス (Thomas Robert Malthus)，トマス・マン (Thomas Mun)，アダム・スミス (Adam Smith)

問10 次の図は2000年から2015年にかけてのアメリカ, 日本, メキシコ（Mexico）, ノルウェー（Norway）の1人当たり社会保障費の推移を示したものである。図のA～Dの組み合わせとして正しいものを, 下の①～④の中から一つ選びなさい。 16

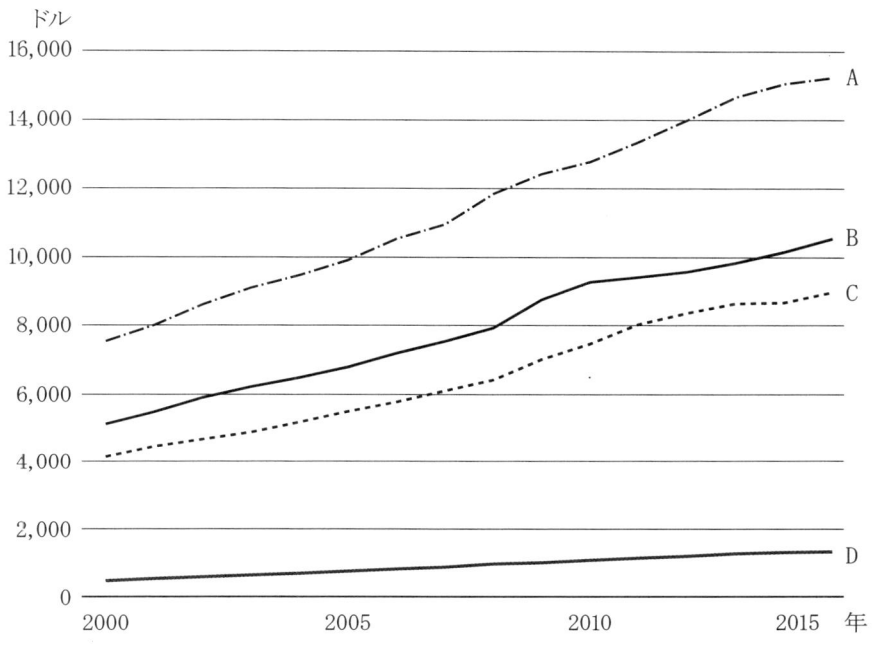

OECDのデータより作成

	A	B	C	D
①	アメリカ	イギリス	ノルウェー	日本
②	メキシコ	日本	アメリカ	イギリス
③	ノルウェー	アメリカ	日本	メキシコ
④	日本	アメリカ	メキシコ	ノルウェー

第3回　実戦問題

問11　日本の居住者が，アメリカ企業へ株式投資を行ったとする。その際に受け取る配当所得の分類について，日本，アメリカ両国での組み合わせとして正しいものを，次の①～④の中から一つ選びなさい。 17

	日本	アメリカ
①	GNI	GNI
②	GNI	GDP
③	GDP	GNI
④	GDP	GDP

問12　日本の人口問題に関する記述として最も適当なものを，次の①～④の中から一つ選びなさい。 18

① 日本では，2018年には人口の3割以上が65歳の高齢者となっている。

② 日本の合計特殊出生率は2010年以降1を切っている状況である。

③ 日本の人口は現在，1億5000万人を超えている。

④ 日本の人口は2004年以降，減少の一途をたどっている。

問13 a，bの温暖湿潤気候の雨温図が示す都市の組み合わせとして最も適当なものを，次の①〜④の中から一つ選びなさい。 19

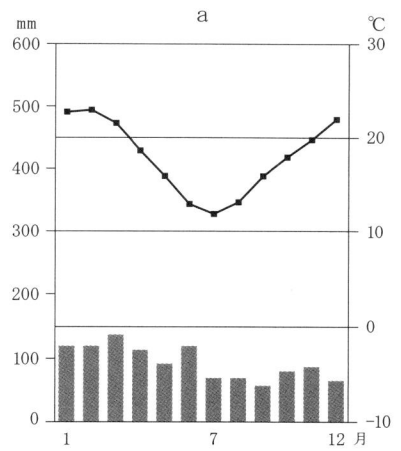
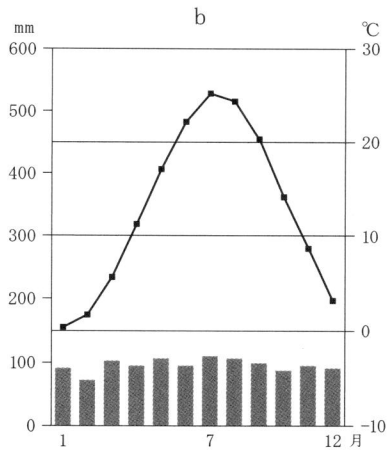

『理科年表』より作成

	a	b
①	ケープタウン	東京
②	ケープタウン	ニューヨーク
③	シドニー	東京
④	シドニー	ニューヨーク

注）ケープタウン（Cape Town），シドニー（Sydney），ニューヨーク（New York）

問14 人間社会に大きな被害を与える災害として津波があるが，特定の海岸地形の場所では特にその被害が大きくなる。その地形として最も適当なものを，次の①〜④の中から一つ選びなさい。 20

① リアス式海岸
② 砂州
③ 陸繋島
④ 海岸平野

問15 ヨーロッパの主要都市の多くは日本の札幌より高緯度に位置するが、平均気温は札幌より高い都市が多い。その理由として最も適当なものを、次の①～④の中から一つ選びなさい。

21

① 地中海から温かい季節風が吹き付けるため
② 大きな山脈によって季節風が遮られるため
③ 大西洋を暖流が流れているため
④ アフリカからの熱風が吹き付けるため

問16 次の図は、経緯線を10度間隔で描いた世界都市位置を示したものである。Aがニューヨーク、Bがキト(Quito)、Cがリオデジャネイロ(Rio de Janeiro)、Dがカイロ(Cairo)である場合、ロンドン(London)の位置として最も適当なものを、下の①～④の中から一つ選びなさい。

22

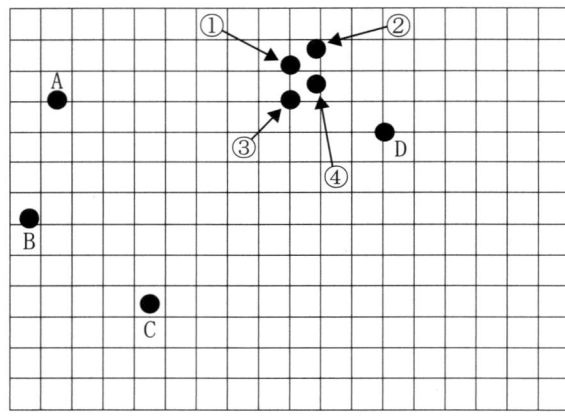

問17 世界の植生に関する記述として最も適当なものを，次の①～④の中から一つ選びなさい。

[23]

① タイガ（Taiga）は寒帯に広がる広葉樹林であり，豊かな土壌が広がっている。
② ウクライナ（Ukraine）からカザフスタン（Kazakhstan）にかけてはチェルノーゼム（Chernozem）という黒色土が広がっているが，土地が貧しく耕作には向いていない。
③ アルゼンチン（Argentina）にはパンパ（Pampa）と呼ばれる草原地帯が広がり，アルゼンチンの農業の中心地になっている。
④ プレーリー（Prairie）は北米大陸東側に広がり，コメを中心とした大規模農業が展開されている。

問18 世界には様々な湖沼が存在する。そのうち，死海ができた原因として最も適当なものを，次の①～④の中から一つ選びなさい。

[24]

① 火山の噴火によってできたカルデラ（Caldera）に水が溜まってできた。
② 断層によってできた凹地に水が溜まってできた。
③ かつて海だったところが切り離されてできた。
④ 氷河の活動によって削られた土地に水が溜まってできた。

問19 次の言語に関して，インド・ヨーロッパの語族に**属さないもの**を，下の①～④の中から一つ選びなさい。

[25]

① ロシア語
② 英語
③ ドイツ語
④ フィンランド語

第3回　実戦問題

問20 フランスの政治体制に関する文章中の空欄 a ， b に当てはまる語の組み合わせとして最も適当なものを，次の①〜④の中から一つ選びなさい。 26

　フランスは首相と大統領が並立する体制だが，国家元首は a と規定されている。また，フランスは a が強大な権力を有するが，国家の政治体制は b とされている。

	a	b
①	大統領	共和制
②	大統領	立憲君主制
③	首相	共和制
④	首相	立憲君主制

問21 日本国憲法に関する記述として**適当でないもの**を，次の①〜④の中から一つ選びなさい。 27

① 日本国憲法では「納税」，「勤労」，「教育」を国民の三大義務としている。
② 日本国憲法の改正は衆議院の半分以上の賛成で発議される。
③ 日本国憲法では天皇は象徴であり，国事行為を行うものとされている。
④ 日本国憲法では平等権や社会権といった基本的人権について多くの記述がされている。

問22 日本の社会保障制度に関する記述として最も適当なものを，次の①〜④の中から一つ選びなさい。 28

① 日本では高齢化の進展によって年金の財源の確保が難しくなり，2020年をめどに年金制度が廃止される見込みである。
② 日本では医療保険が充実しており，全国民が1割の負担で医療機関にかかることができる。
③ 日本では社会保障として国民全員に一定額が支給される「ベーシック・インカム」の制度が取り入れられている。
④ 日本では国民全てが何らかの医療保険に加入することが義務付けられる国民皆保険制度がしかれている。

問23 日本の地方自治体が持っている権利として正しくないものを，次の①～④の中から一つ選びなさい。　29

① 法律の制定
② 地方税の制定
③ 条例の制定
④ 議会の保有

問24 日本の内閣の役割として適当でないものを，次の①～④の中から一つ選びなさい。　30

① 外国との間で条約を締結する。
② 天皇が行う国事行為に対して，助言と承認を行う。
③ 最高裁判所長官を天皇の指名に基づいて任命する。
④ 財務省のまとめた予算案を承認する。

問25 冷戦期に関する記述として最も適当なものを，次の①～④の中から一つ選びなさい。　31

① アメリカとソ連（USSR）は1970年代，キューバ（Cuba）のミサイル基地を巡って対立を深めた。
② ベトナム戦争（Vietnam War）ではアメリカが直接参戦したが苦戦し，結果南ベトナム軍が勝利を収めて南北統一が実現した。
③ プラハの春（Prague Spring）ではチェコスロバキア（Czechoslovakia）で民主主義政権が誕生し，東欧初の民主主義国家となった。
④ 冷戦末期，米ソ両国は軍縮を志向し，1987年に中距離核戦力全廃条約(INF)を締結した。

問26 国際通貨に関する次の文章中の空欄 a , b に当てはまる語の組み合わせとして最も適当なものを，下の①〜④の中から一つ選びなさい。　32

日本円は第二次世界大戦終結後 a のもとで，1ドル＝360円の固定相場制であった。しかし，1971年，アメリカの b 大統領が国内の失業問題やインフレーション対策としてドルの金との兌換停止と，変動相場制への移行を宣言し，日本円の固定相場制は終わりを告げた。これを b ・ショックという。

	a	b
①	ブレトンウッズ体制	ニクソン
②	ブレトンウッズ体制	レーガン
③	スミソニアン体制	ニクソン
④	スミソニアン体制	レーガン

注）キングストン体制(Kingston system)，ブレトンウッズ体制(Bretton Woods system)，ニクソン(Richard Milhous Nixon)，レーガン(Ronald Wilson Reagan)

問27 イギリスの旧植民地だった諸国は，イギリス連邦として緩やかに連帯している。これに含まれる国として正しくないものを，次の①〜④の中から一つ選びなさい。　33

① セネガル (Senegal)
② インド
③ ケニア (Kenya)
④ カナダ (Canada)

問28 産業の近代化に関する記述として最も適当なものを，次の①～④の中から一つ選びなさい。

34

① 19世紀のイギリスでは産業革命によって，女性や子どもの過重労働は解消された。

② 産業革命後，イギリスは貿易によって発展したが，その中心になったのは東インド会社である。

③ 中国では第二次世界大戦後，国家による計画経済によって経済が急成長し，1960年には世界第3位のGDPとなった。

④ 日本では第二次世界大戦後，急速に経済が成長したが，製造業は振るわず，特に自動車生産では1990年まで生産量が世界10位以内に入ることはなかった。

問29 次の地図において，国民が信仰する宗教が主にイスラム教である国を下の①～④の中から一つ選びなさい。

35

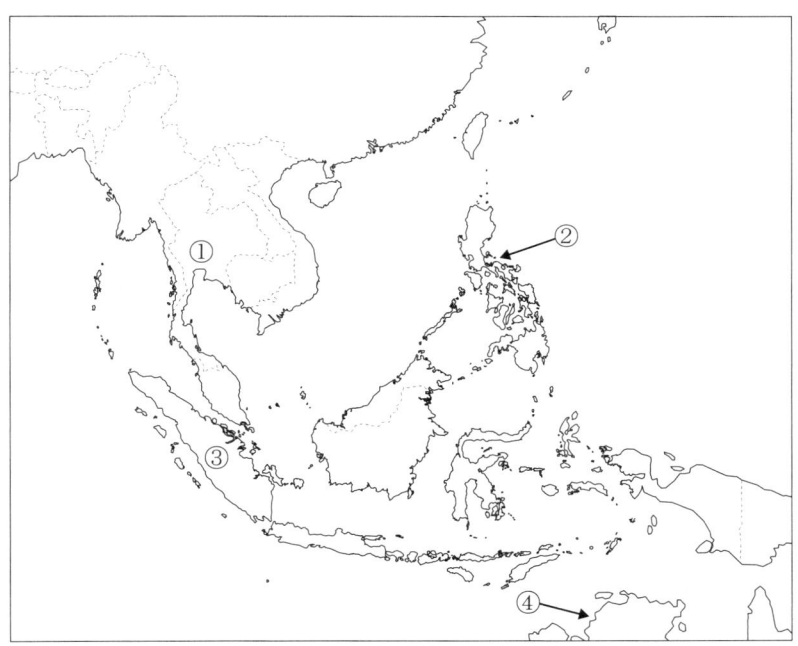

問30 国連 (UN) に関する記述として最も適当なものを，次の①〜④の中から一つ選びなさい。　36

① 国連の安全保障理事会常任理事国はアメリカ，ロシア，フランス，ドイツ，中国の5カ国である。
② 国連の運営資金となる分担金はアメリカが最も多く負担しており，全体の約2割を負担している。
③ 世界遺産の認定などを行う国際連合教育科学文化機関 (UNESCO) はジュネーブ (Geneva) に本部をもつ。
④ 国連の本部は前身である国際連盟から一貫して，ニューヨークに存在する。

問31 第二次世界大戦末期，連合国側が日本への降伏要求と戦後処理について会談を行った都市として正しいものを，次の①〜④の中から一つ選びなさい。　37

① ヤルタ (Yalta)
② マニラ (Manila)
③ カイロ
④ ポツダム (Potsdam)

問32 日本はアメリカとの貿易摩擦を解消するため，1991年にアメリカからオレンジとある品目の輸入を自由化した。その品目として正しいものを，次の①〜④の中から一つ選びなさい。　38

① コメ
② 自動車
③ 牛肉
④ 半導体

総合科目の問題はこれで終わりです。解答欄の 39 〜 60 はマークしないでください。

この問題冊子を持ち帰ることはできません。

第**4**回

実戦問題
解答時間 80分

正解と得点分布図確認

QRコードを読み取ってオンライン解答用紙に解答を記入し、正解と得点分布を確認してください。

問 1 次の文章を読み，下の問い(1)～(4)に答えなさい。

　2018年は明治維新から150年の記念の年であり，各地でイベントが行われている。明治維新は，₁鎖国状態にあった日本にアメリカ(USA)が開国を迫ったことがその発端となり，江戸幕府に代わって₂天皇が統治する政治体制に変わったものである。₃1868年に明治政府が成立してから日本は富国強兵への道を突き進み，日本は日清戦争（First Sino-Japanese War）で清（中国）に勝利し，₄戦後の講和条約で清から領土の割譲などを得るまでになった。

(1) 下線部1に関して，アメリカが日本に開国を迫った理由として最も適当なものを，次の①～④の中から一つ選びなさい。　　1

① 太平洋上で行っていた捕鯨活動の補給拠点を日本に作るため
② アメリカの犯罪者が日本に多く逃げ込んでいたため
③ 当時日本で多く産出されていた銀を得るため
④ 当時日本と通商関係を持っていたオランダ（Netherlands）と戦争状態にあったため

(2) 下線部2に関して，現在の日本の天皇に関する記述として最も適当なものを，次の①～④の中から一つ選びなさい。　　2

① 天皇は国政に対して大きな影響力を持っている。
② 天皇は存命中に退位することはできない。
③ 天皇は自衛隊の最高指揮監督権を有している。
④ 国会の指名に基づき，内閣総理大臣の任命を行う。

第4回　実戦問題

(3) 下線部 3 に関して，1860年代に起きた出来事として正しいものを，次の①～④の中から一つ選びなさい。　3

① アメリカの南北戦争（American Civil War）
② フランスの二月革命（February Revolution）
③ 米西戦争（Spanish-American War）
④ ロシア革命（Russian Revolution）

(4) 下線部 4 に関して，この条約が結ばれた場所として最も適当なものを，次の①～④の中から一つ選びなさい。　4

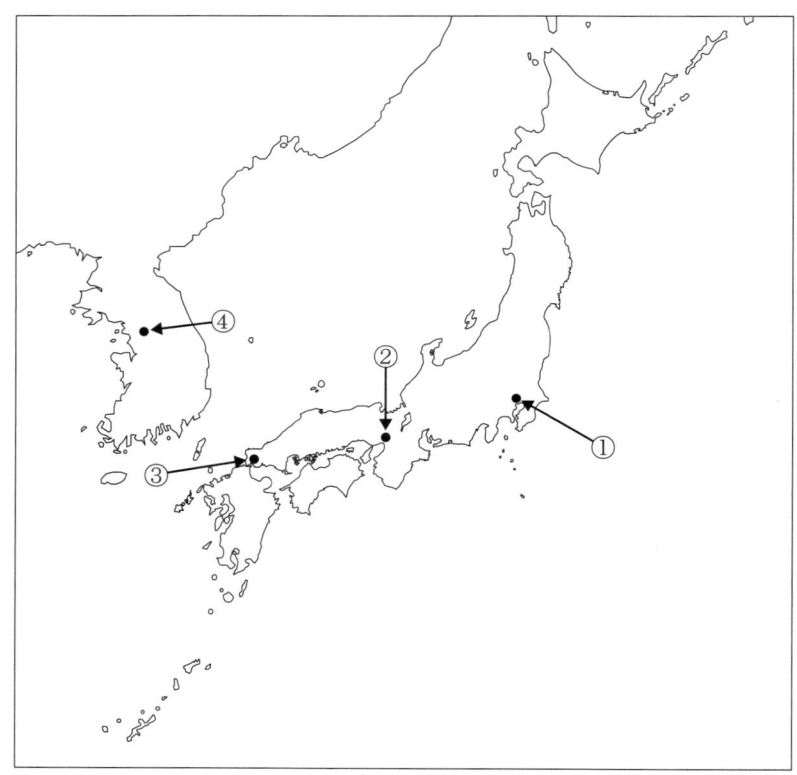

問2 次の文章を読み，下の問い(1)〜(4)に答えなさい。

₁日本の気候は従来から高温多湿が特徴であったが，2018年は類をみない夏の酷暑が問題となった。これは日本の北方の高気圧が強力であったことが原因であり，日本海側の₂山の斜面にあたった風が山を越え，暖かくて乾いた下降気流となって気温が上がる現象が発生する地域では40度近い気温になることがあった。一方で，₃熱帯太平洋の東部で海面水温が平年より高くなった際には日本は冷夏となる。1993年には大規模な冷夏となり，日本ではコメが深刻な不作となり，₄世界各国からコメを輸入する事態となった。

(1) 下線部1に関して，次の文章中の空欄 a ， b に当てはまる語の組み合わせとして最も適当なものを，下の①〜④の中から一つ選びなさい。　5

日本の気候はケッペン（Köppen）の気候区分ではほぼ温暖湿潤または冷帯湿潤気候に属するものの，各地で特色に富んでおり，日本海側では a が特徴となっている。また，沖縄を始めとする地域は b に属する。

	a	b
①	豪雪	南西諸島気候
②	長い雨季	南西諸島気候
③	豪雪	瀬戸内海式気候
④	長い雨季	瀬戸内海式気候

第4回 実戦問題

(2) 下線部2に関して，この現象の名前として正しいものを，次の①〜④の中から一つ選びなさい。

6

① ヒートアイランド（Urban heat island）
② フェーン（Foehn）
③ スコール（Squall）
④ モンスーン（Monsoon）

(3) 下線部3に関して，この現象の名前として正しいものを，次の①〜④の中から一つ選びなさい。

7

① エルニーニョ現象（El Niño）
② ラニーニャ現象（La Niña）
③ ブロッケン現象（Brocken spectre）
④ 黒潮大蛇行（Kuroshio large meander）

(4) 下線部4に関して，当時日本がコメを最も輸入した国として正しいものを，次の①〜④の中から一つ選びなさい。

8

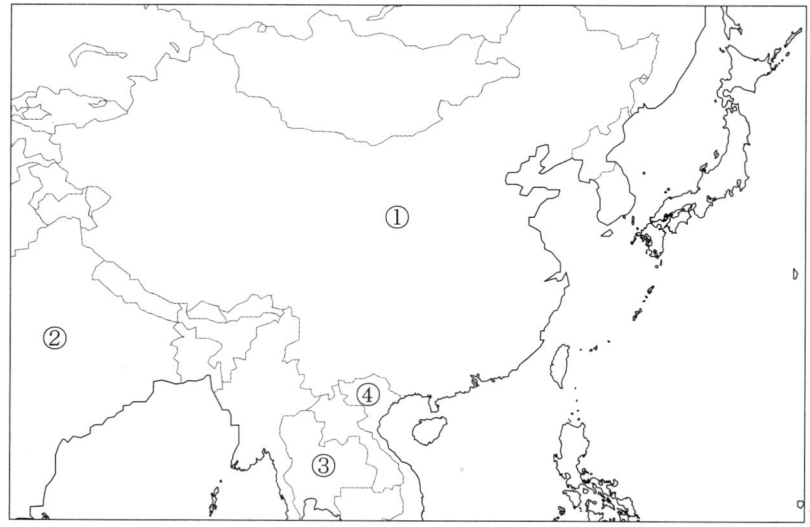

— 82 —

問3 完全競争市場において，猛暑が発生した際の飲料市場における市場全体の需給曲線，供給曲線がシフトする方向の組み合わせとして正しいものを，次の①～④の中から一つ選びなさい。　9

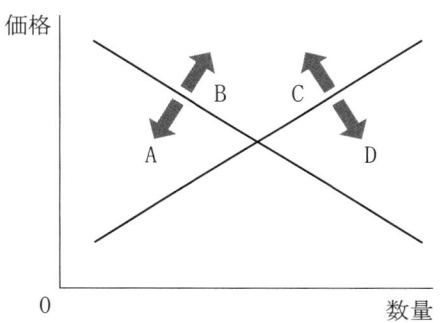

	供給曲線	需要曲線
①	C	B
②	C	A
③	D	B
④	D	A

問4 日本の市場経済における競争に関する記述として最も適当なものを，次の①～④の中から一つ選びなさい。　10

① 規制緩和によって財閥の再結成が認められ，三菱・三井・住友といった大財閥は持株会社を保有している。
② 日本で企業合併する際，一定規模以上になると独占禁止法による規制が生じる。
③ 独占禁止法によって，日本では持株会社を作ることが禁止されている。
④ 日本では産業保護の目的からたばこと塩は専売制となっている。

第4回 実戦問題

問5 景気の変動は一定の周期があるとされている。技術革新が主因とされる周期として最も適当なものを，次の①〜④の中から一つ選びなさい。　　11

① コンドラチェフの波

② キチンの波

③ ジュグラーの波

④ クズネッツの波

注) コンドラチェフ (Kondratieff), キチン (Kitchin), ジュグラー (Jugura), クズネッツ (Kuznets)

問6 次のグラフは，自動車生産量の世界上位の国家の推移を表したものである。このグラフのA〜Dの組み合わせとして正しいものを，下の①〜④の中から一つ選びなさい。 12

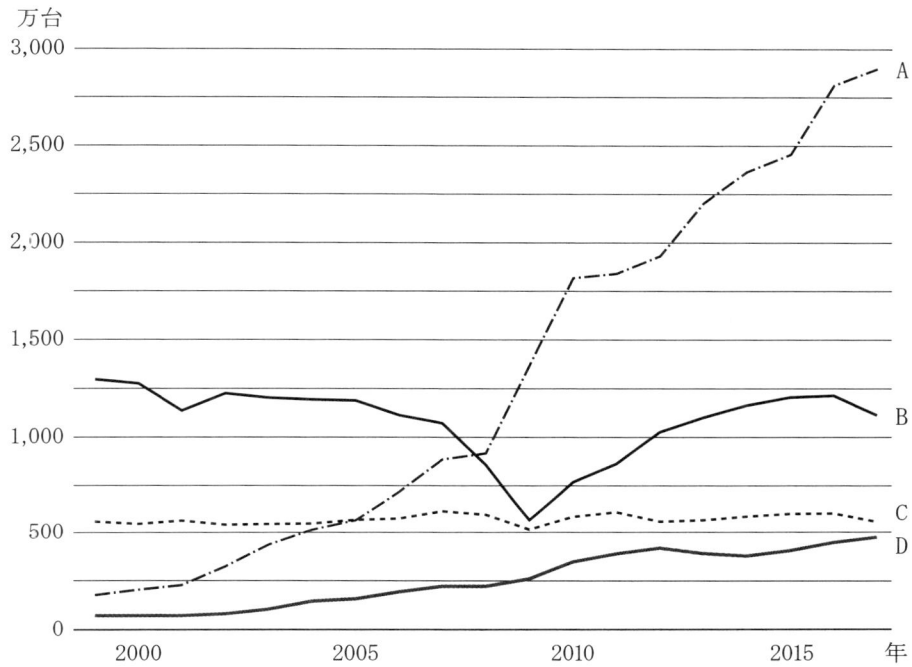

国際自動車工業連合会のデータより作成

	A	B	C	D
①	イギリス	日本	中国	メキシコ
②	メキシコ	中国	日本	イギリス
③	中国	アメリカ	ドイツ	インド
④	インド	中国	アメリカ	ドイツ

注）イギリス（UK），メキシコ（Mexico），中国（China），インド（India），ドイツ（Germany）

第4回　実戦問題

問7　次の文章を読み，文章中の空欄 a ， b に当てはまる語の組み合わせとして最も適当なものを，下の①〜④の中から一つ選びなさい。　13

租税の逆進性が生まれる可能性が高いのは a であり， b などがそれに該当する。

	a	b
①	直接税	所得税
②	直接税	消費税
③	間接税	所得税
④	間接税	消費税

問8　日本では1990年半ばに円高が進行し，1995年には1ドル79円25銭まで円高が進行した。この原因として最も適当なものを，次の①〜④の中から一つ選びなさい。　14

① タイ（Thailand）と韓国（South Korea）を発端とする通貨危機
② 日本の輸出黒字の拡大
③ 日本における金融緩和
④ 中国の人民元の変動相場制への移行

問9　次の文章を読み，文章中の空欄 a ， b に当てはまる語の組み合わせとして最も適当なものを，下の①〜④の中から一つ選びなさい。　15

1980年代，アメリカは a 大統領のもとで，貿易赤字と財政赤字の「双子の赤字」に苦しんでいた。この解消のため b によって国際的にドル安への誘導が行われた。

	a	b
①	レーガン	プラザ合意
②	レーガン	スミソニアン協定
③	ニクソン	プラザ合意
④	ニクソン	スミソニアン協定

注）レーガン(Ronald Wilson Reagan)，ニクソン(Richard Milhous Nixon)，プラザ合意(Plaza Accord)
　　スミソニアン協定 (Smithsonian Agreement)

問10 次の表は，2016年の金の生産量の世界第4位までの国を示したものである。表のA, Bの国名の組み合わせとして正しいものを，下の①〜④の中から一つ選びなさい。 16

順位	国名	生産量（kg）
1	A	453,000
2	オーストラリア	290,000
3	B	253,150
4	アメリカ	222,000

アメリカ地質調査所（USGS）のデータにより作成
注）オーストラリア（Australia）

	A	B
①	インド	中国
②	中国	南アフリカ
③	ロシア	インド
④	中国	ロシア

注）ロシア（Russia），南アフリカ（South Africa）

問11 税制の観点から，世界の船籍は上位3カ国に集中している。その3カ国に当てはまる国を，次の①〜④の中から一つ選びなさい。 17

① ルクセンブルク（Luxembourg）
② モナコ（Monaco）
③ 韓国
④ パナマ（Panama）

問12 日本の労働問題に関する記述として最も適当なものを，次の①〜④の中から一つ選びなさい。 18

① 日本では労働者に対する産休・育休の付与は法律では規定されていない。
② 日本では一週間の法定労働時間は週48時間と定められている。
③ 日本では1985年に制定された男女雇用機会均等法によって労働における男女差別が禁止された。
④ 日本における有給休暇の取得率は先進国の中で最も高い。

問13 地図の図法に関する記述として最も適当なものを，次の①〜④の中から一つ選びなさい。 19

① モルワイデ図法では面積が正しく表される。
② 航空機の航路図を作成する際にはサンソン図法が利用される。
③ グード図法では地形が正しく表される。
④ メルカトル図法では2点間の距離が正しく表される。

注）モルワイデ図法（Mollweide's projection），サンソン図法（Sanson's projection），グード図法（Goode's projection），メルカトル図法（Mercator's projection）

問14 次の文章を読み，文章中の空欄 a ， b に当てはまる語の組み合わせとして最も適当なものを，下の①〜④の中から一つ選びなさい。 20

ブラジル（Brazil）の首都 a は，人工的に計画して設計された「計画都市」である。 b のキャンベラも同様の計画都市である。

	a	b
①	リオデジャネイロ	オーストラリア
②	ブラジリア	オーストラリア
③	リオデジャネイロ	ニュージーランド
④	ブラジリア	ニュージーランド

注）リオデジャネイロ（Rio de Janeiro），ブラジリア（Brasília），ニュージーランド（New Zealand）

問15 次の表は，中国，アメリカ，日本，ロシア（Russia）の2016年の合計特殊出生率を示したものである。アメリカに当てはまるものを，下の①〜④の中から一つ選びなさい。　21

	合計特殊出生率
①	1.62
②	1.75
③	1.44
④	1.8

世界銀行資料より作成

問16 1972年世界で初めて，環境問題に関する大規模な政府間会合が開かれた。この会合が開かれた都市として正しいものを，次の①〜④の中から一つ選びなさい。　22

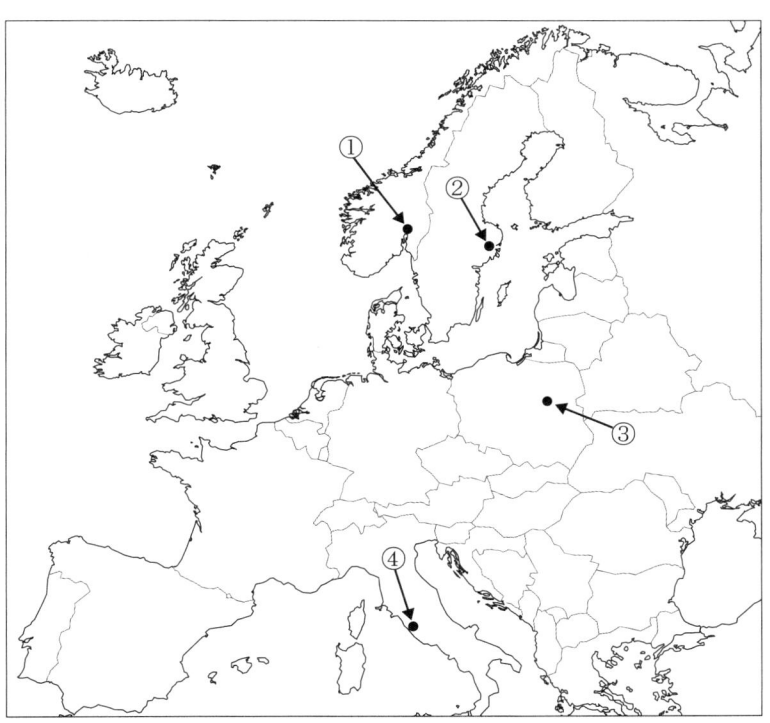

問17 世界には2カ国語以上の言語を公用語とする国が存在するが、その国と公用語の一部の組み合わせとして**適当でないもの**を、次の①〜④の中から一つ選びなさい。　23

① 南アフリカ（South Africa）－イタリア語（Italian）
② カナダ（Canada）－フランス語（French）
③ スイス（Switzerland）－ドイツ語（German）
④ フィリピン（Philippines）－英語（English）

問18 次の表は、天然ガス、石炭、石油、ウランの生産量の第1位と第2位の国をまとめたものである。天然ガスに当てはまるものを、下の①〜④の中から一つ選びなさい。　24

	第1位	第2位
①	中国	インド
②	カナダ	カザフスタン
③	アメリカ	ロシア
④	サウジアラビア	アメリカ

グローバルノート（2017年）のデータより作成
注）カナダ（Canada）、カザフスタン（Kazakhstan）、サウジアラビア（Saudi Arabia）

問19 国際的な生物保護の取り組みとして、1973年に絶滅が危惧される動物の取引を制限する条約が採択された。この条約が採択された都市として正しいものを、次の①〜④の中から一つ選びなさい。　25

① ジュネーブ（Geneva）
② ワシントン（Washington）
③ ストックホルム（Stockholm）
④ パリ（Paris）

問20 次の文章を読み，文章中の空欄 a , b に当てはまる語の組み合わせとして最も適当なものを，下の①〜④の中から一つ選びなさい。　26

　日本国憲法では国家の主権は国民にあり，国事行為は a が行うとされている。そして，国民は納税，勤労， b の三大義務を負うとされている。

	a	b
①	内閣	教育
②	内閣	兵役
③	天皇	教育
④	天皇	兵役

問21 次の文章を読み，文章中の空欄 a , b の語の組み合わせとして最も適当なものを，下の①〜④の中から一つ選びなさい。　27

　『リヴァイアサン（Leviathan）』を著した a は，人間社会を「万人の万人に対する闘争状態」であるとし，国家は絶対的な権力により市民生活の安定をもたらすものとした。これに対して，ロックは哲学者として， b で政府が国民の生活を侵害した際には人々は抵抗し政府を変えることができると主張し名誉革命を擁護した。

	a	b
①	ホッブズ	権利章典
②	ホッブズ	『市民政府二論』
③	ルソー	権利章典
④	ルソー	『市民政府二論』

注）ロック（John Locke），ホッブズ（Thomas Hobbes），ルソー（Jean-Jacques Rousseau）

問22　スウェーデン（Sweden）に代表される北欧の国家は「北欧型福祉国家」と呼ばれることがある。これらの国家に関する記述として正しいものを，次の①～④の中から一つ選びなさい。

28

① 国民の所得の多くが税金として徴収されるため，不満を持った反国家勢力によるテロが発生している。
② 国家の公共事業が多いため，経済的な成長力が高く，先進国の中では高いペースで経済成長を続けている。
③ 中央政府が提供する国民サービスの内容を決めるため，地方自治体が存在しない。
④ 所得格差が他の国々と比較して小さく，そのために貧困率と生活水準の格差も比較的小さい。

問23　日本の地方自治体の特徴として最も適当なものを，次の①～④の中から一つ選びなさい。

29

① 収入を国からの補助金に頼るため，財政難に苦しむ自治体が多い。
② 地方自治体独自で憲法に反しない範囲で法律を制定することができる。
③ 従来の都道府県の枠を超えた道州制の導入が決定している。
④ 地方議会は20歳以上の男女であれば被選挙権を有している。

問24　日本の衆議院が参議院に優越する項目として最も適当なものを，次の①～④の中から一つ選びなさい。

30

① 内閣総理大臣は衆議院議員からしか選出することができない。
② 衆議院議員の方が参議院議員より任期が長く，給与も高い。
③ 条約の承認の際に，衆議院議決案と参議院議決案が異なった場合は衆議院の議決が国会の議決となる。
④ 憲法改正の際に，衆議院議決案と参議院議決案が異なった場合は衆議院の議決が国会の議決となる。

問25 国連（UN）は場合によっては紛争地域に対して，武力を用いて介入する場合がある。これに関する記述として正しいものを，次の①～④の中から一つ選びなさい。 31

① 現在，国連平和維持活動は武力行使容認決議に基づいて行われている。
② 国連が主体となって武力を行使する場合は国連軍が編成されることとなっており，湾岸戦争（Gulf War）の際には国連軍が派遣された。
③ 国連平和維持活動（PKO）ではあらゆる形での武力の行使は認められていない。
④ 日本は軍隊をもたないため，国連平和維持活動に参加したことはない。

問26 フランス革命（French Revolution）に関する記述として**適当でないもの**を，次の①～④の口から一つ選びなさい。 32

① ルソーの『社会契約論』は思想面からフランス革命に対して影響を与えた。
② フランス人権宣言では奴隷制が否定され，すべてのフランス（France）国内の奴隷が解放された。
③ フランス人権宣言はアメリカ独立宣言の影響を受けて起草された。
④ フランス革命後もフランスの混乱は続き，王政が復活した時期がある。

問27 次の文章を読み，文章中の空欄 a ， b に当てはまる語の組み合わせとして最も適当なものを，下の①〜④の中から一つ選びなさい。 33

　冷戦期はアメリカと旧ソ連（USSR）がそれぞれ現地の勢力の背後につき，対立を深める「代理戦争」が多く発生した。例えば a では内戦に旧ソ連とアメリカが直接的・間接的に介入し，アメリカが現地勢力に供与した武器が後のアメリカとの紛争で利用されるという皮肉な結果となっている。

　また，ベトナム戦争（Vietnam War）は典型的な代理戦争であり，泥沼化したこの戦争は， b 政権下で撤退を余儀なくされたアメリカにも深刻なダメージを残した。

	a	b
①	イラン	ニクソン
②	イラン	ケネディ
③	アフガニスタン	ニクソン
④	アフガニスタン	ケネディ

注）イラン（Iran），アフガニスタン（Afghanistan）

問28 20世紀初頭のアメリカの外交政策に関する記述として最も適当なものを，次の①〜④の中から一つ選びなさい。 34

① ヨーロッパ（Europe）への積極的な介入を進め，ポルトガル（Portugal）と激しく対立した。
② カリブ海（Caribbean）への武力干渉を進め，パナマの独立に介入した。
③ アジア（Asia）地域に対しては協調を求め，アジアには植民地を持たなかった。
④ 南米に対しては武力介入を強め，コロンビア（Colombia）を植民地化した。

問29 1920年に第一次世界大戦を受けて国際連盟が設立されたが，結果として有効に機能せず，第二次世界大戦が勃発する事態となった。国際連盟が有効に機能しなかった原因として適当でないものを，次の①〜④の中から一つ選びなさい。 35

① 議決に全会一致方式を取っており，一カ国でも反対があると議決できなかった。
② アメリカが未加盟，ソ連が遅れて加盟するなど，大国が参加していなかった。
③ 日本を始めとするアジア諸国が参加しておらず，アジアの紛争に対応できなかった。
④ 制裁は経済制裁のみに限られており，武力による制裁を行うことができなかった。

問30 第一次世界大戦前後に関する記述として最も適当なものを，次の①〜④の中から一つ選びなさい。 36

① 第一次世界大戦で敗戦したドイツは，ミュンヘン（Munich）の割譲を強制され，東西に分断された。
② 大戦前後で植民地の独立運動が盛んになり，中国では第一次世界大戦後に中華民国（Republic of China）が成立した。
③ 第一次世界大戦が起きたことの反省を踏まえて，国際連合が成立した。
④ 日本は戦勝国としてアジアにおけるドイツ権益等を獲得し，その後のアジアでの勢力拡大の足がかりとした。

第4回　実戦問題

問31　日本は第二次世界大戦後，急速に復興を遂げ，経済力を獲得した。その礎（いしずえ）となった吉田茂政権時代に起きた出来事として正しいものを，次の①～④の中から一つ選びなさい。

37

① 沖縄返還
② 日米安全保障条約の締結
③ 日中国交回復
④ 自由民主党の結成による55年体制の開始

問32　次のA～Dはアジアの第二次世界大戦後の処理を巡る出来事である。この出来事を年代順に並べたものとして正しいものを，下の①～④の中から一つ選びなさい。

38

A：日本がサンフランシスコ講和条約に基づいて独立を回復した。
B：中国では共産党が内戦に勝利し，中華人民共和国が建国された。
C：インドがパキスタンと分離して独立した。
D：朝鮮戦争が休戦し，朝鮮半島が北朝鮮と韓国に二分された。

注）サンフランシスコ講和条約 (Treaty of Peace with Japan)，中華人民共和国 (People's Republic of China)，パキスタン (Pakistan)，朝鮮戦争 (Korean War)，北朝鮮 (North Korea)

① D→C→B→A
② B→C→A→D
③ A→B→D→C
④ C→B→A→D

総合科目の問題はこれで終わりです。解答欄の 39 ～ 60 はマークしないでください。

この問題冊子を持ち帰ることはできません。

第5回

実戦問題
解答時間 80分

正解と得点分布図確認

QRコードを読み取ってオンライン解答用紙に解答を記入し、正解と得点分布を確認してください。

問1 次の文章を読み，下の問い(1)～(4)に答えなさい。

　日本では2019年に元号が改定され，「平成」の時代が終わりを迎えた。これは天皇の退位に伴うものである。日本は₁王室として天皇家が存在するが，世界にも₂イギリス(UK)のように王室が存在する国家が存在する。一方フランス(France)のように₃革命によって王室が消滅した国も存在する。また，イギリスのように王室が存在する国でも政治的実権を有しておらず，₄欧州連合(EU)離脱のような重要課題は議会で決定される。

(1) 下線部1に関して，ヨーロッパで<u>王室が存在しない</u>国家の位置として正しいものを，次の①～④の中から一つ選びなさい。　1

第 5 回　実戦問題

(2) 下線部 2 に関して，イギリスの政治体制として正しいものを，次の①〜④の中から一つ選びなさい。　　2

① 共和制
② 絶対王政
③ 立憲君主制
④ 連邦君主制

(3) 下線部 3 に関して，フランス革命 (French Revolution) 前のフランスの社会情勢に関する記述として最も適当なものを，次の①〜④の中から一つ選びなさい。　　3

① 植民地であったアメリカ (USA) から独立を迫られ，国内情勢の緊張感が高まっていた。
② アンシャン・レジーム (Ancien Régime) 下で貴族を第一身分とした厳しい身分制が敷かれていた。
③ フランスでは工業革命が進み，工業製品を主力として大きな経済的な成長が見られた。
④ ルイ14世 (Louis XIV) 以降，繰り返された対外戦争や宮廷の浪費によって，王家の財政が破綻に近づいていた。

(4) 下線部 4 に関して，EU 離脱を決定した国民投票の実施を決めた際のイギリスの首相として正しいものを，次の①〜④の中から一つ選びなさい。　　4

① デーヴィッド・キャメロン (David Cameron)
② トニー・ブレア (Tony Blair)
③ マーガレット・ヒルダ・サッチャー (Margaret Hilda Thatcher)
④ テリーザ・メアリー・メイ (Theresa Mary May)

問2 次の文章を読み，下の問い(1)〜(4)に答えなさい。

　日本では近年 ₁憲法改正の議論が高まっている。日本の憲法は ₂硬性憲法であるため，改正には様々な手続きが必要である。さらに，日本では ₃三権分立の権力構造が採用され，特定の個人・機関に権力が集中するのを防止している。また，憲法に明記されていない ₄新しい人権についての議論も高まっており，今後の日本国憲法のあり方は様々な面から問われている。

(1) 下線部1に関して，日本の憲法改正の手続きとして正しいものを，次の①〜④の中から一つ選びなさい。　5

① 憲法改正の国民投票の際には3分の2以上の賛成が必要である。
② 憲法改正の発議の際には衆議院の決定が優先される。
③ 憲法が改正される際には天皇の名において発布される。
④ 憲法改正の際の国民投票は満25歳以上の国民に投票権が与えられる。

(2) 下線部2に関して，軟性憲法を採用している国として最も適当なものを，次の①〜④の中から一つ選びなさい。　6

① フランス
② イギリス
③ アメリカ
④ ドイツ（Germany）

第5回　実戦問題

(3)　下線部 3 に関して，日本において立法府となっている機関として正しいものを，次の①〜④の中から一つ選びなさい。　　　7

① 国会
② 裁判所
③ 法務省
④ 内閣

(4)　下線部 4 に関して，新しい人権として**誤っているもの**を，次の①〜④の中から一つ選びなさい。　　　8

① 幸福追求権
② プライバシー権
③ 環境権
④ 知る権利

問3 市場経済における競争に関する記述として最も適当なものを，次の①〜④の中から一つ選びなさい。　9

① 完全競争市場においては価格のみがシェアを決定する要因となる。
② 寡占市場においては価格を下方に動かす圧力が生じやすい。
③ 技術革新の激しい市場では独占企業は生まれにくい。
④ 完全競争市場では生産者は無数に存在するが，買い手の数は限られる。

問4 次の文章を読み，文章中の空欄 a 〜 d に当てはまる語の組み合わせとして最も適当なものを，下の①〜④の中から一つ選びなさい。　10

価格がP_1のとき，超過供給が a となって価格は b する。価格が c に下がれば，Q_4-Q_2だけ超過 d となり，価格は上昇する。

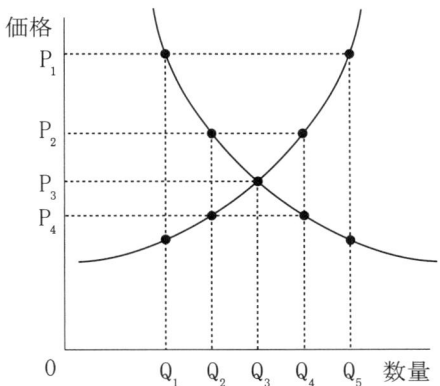

	a	b	c	d
①	Q_5	上昇	P_2	数量
②	$|Q_1-Q_5|$	下落	P_2	供給
③	Q_1+Q_5	上昇	P_3	供給
④	Q_5-Q_1	下落	P_4	需要

問5 次の文章を読み，この文章が示す国家の形態の名前として正しいものを，下の①〜④の中から一つ選びなさい。　11

　1930年代までは「小さな政府」の国家形態を取る国家が多かった。これは国家が国民生活への介入を最小限にとどめ，市場のメカニズムに任せようとするものである。

① 福祉国家
② 警察国家
③ 行政国家
④ 夜警国家

問6 次のグラフは，鉄鉱石産出量（＊鉄含有量ベース）の世界上位の国家の推移を表したものである。このグラフのA～Dの国名の組み合わせとして正しいものを，下の①～④の中から一つ選びなさい。 12

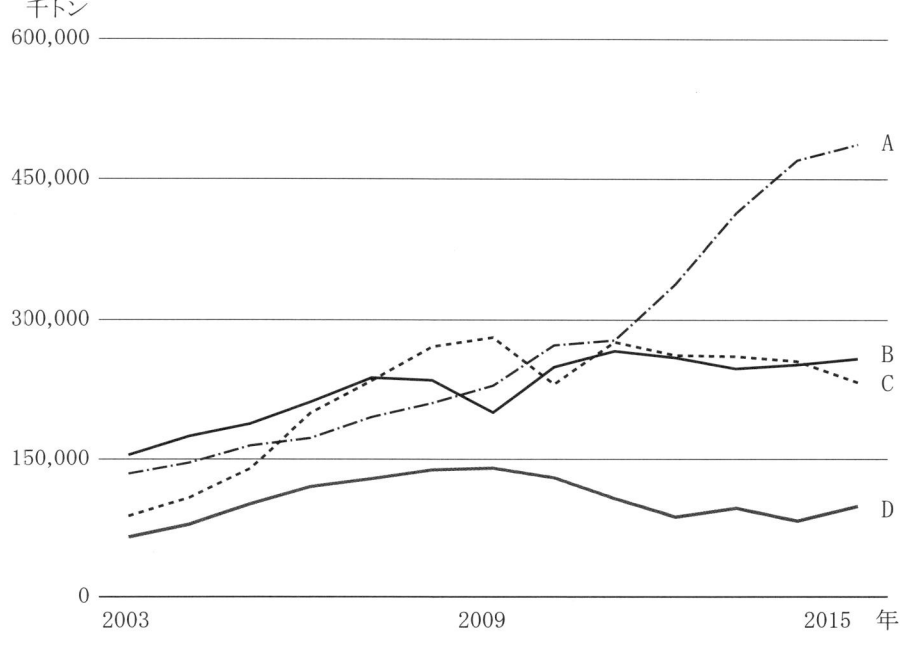

アメリカ地質調査所資料より作成

	A	B	C	D
①	オーストラリア	ブラジル	中国	インド
②	ブラジル	中国	インド	オーストラリア
③	中国	ブラジル	インド	オーストラリア
④	中国	オーストラリア	ブラジル	インド

注）オーストラリア（Australia），ブラジル（Brazil），中国（China），インド（India）
＊鉄含有量＝産出量×鉄含有率

第5回　実戦問題

問7　次の文章を読み，文章中の空欄 a ， b に当てはまる語の組み合わせとして最も適当なものを，下の①〜④の中から一つ選びなさい。　13

　国家の経済規模を図る指標として「その国の中で生み出された付加価値の合計」があり，これを a と呼ぶ。これを経年の物価の変化を加味して比較できるようにするために必要となるのが， a b と呼ばれるものである。

	a	b
①	GNP	デフレーター
②	GDP	デフレーター
③	GNP	デフレスパイラル
④	GDP	デフレスパイラル

問8　日本において円高が進行した際に業績が良くなると考えられる業種として最も適当なものを，次の①〜④の中から一つ選びなさい。　14

① 観光業
② 電力産業
③ 自動車製造業
④ 精密機器産業

問9　次の文章を読み，文章中の空欄 a ， b に当てはまる語の組み合わせとして最も適当なものを，下の①〜④の中から一つ選びなさい。　15

　2000年代後半， a に端を発した景気後退が発生した。これは世界規模で拡大し，日本も影響を受けた。日本はこれに b と呼ばれる経済刺激策で対応を行った。

	a	b
①	タイのバーツの暴落	アベノミクス
②	アメリカのサブプライムローン問題	アベノミクス
③	タイのバーツの暴落	構造改革
④	アメリカのサブプライムローン問題	構造改革

注）タイ（Thailand），バーツ（Baht），サブプライムローン（Subprime lending）

問10 特許出願とは，特許権を得るため，特許庁に対し，願書，明細書等を提出する行為をいう。次の図は，2010年〜2017年にかけての各国の特許出願数の推移を示したものである。図のA〜Dの国名の組み合わせとして正しいものを，下の①〜④の中から一つ選びなさい。

16

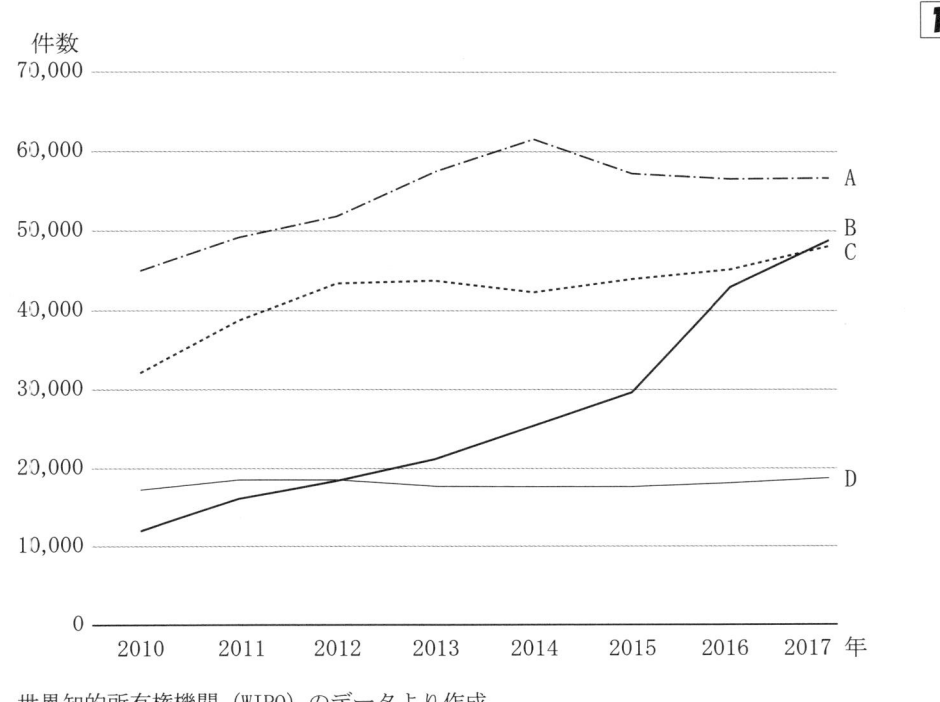

世界知的所有権機関（WIPO）のデータより作成

	A	B	C	D
①	日本	ドイツ	中国	アメリカ
②	ドイツ	日本	アメリカ	中国
③	アメリカ	中国	日本	ドイツ
④	中国	ドイツ	アメリカ	日本

問11　企業に関する記述として最も適当なものを，次の①～④の中から一つ選びなさい。

17

① 有限責任社員が50名以下である有限会社は2006年以降新設が認められていない。

② 有限責任社員と無限責任社員で構成される会社を合名会社という。

③ 企業は法人として株式の保有は法律上認められない。

④ 株式会社の最高意思決定機関は取締役会である。

問12　カリブ海（Caribbean Sea）に位置する英領バージン諸島（British Virgin Islands），ケイマン諸島（Cayman Islands）には多くの企業の本拠地が置かれている。その理由として最も適当なものを，次の①～④の中から一つ選びなさい。

18

① 大陸間に位置しており，アクセスがよく貿易に便利であるため

② 船舶に関する税率が低く，保持するためのコストが低くて済むため

③ あらゆる商品に対する関税が撤廃されているため

④ 税制が優遇されているため

問13　日本で津波の被害が拡大する場合，ある地形が原因になることが多い。その地形として正しいものを，次の①～④の中から一つ選びなさい。

19

① 砂州

② 海岸段丘

③ リアス式海岸

④ 扇状地

問14 次の図は，ある災害による死亡リスクの高さを表したものであり，色が濃いほど死亡リスクが高い。この災害を示すものとして正しいものを，下の①〜④の中から一つ選びなさい。

20

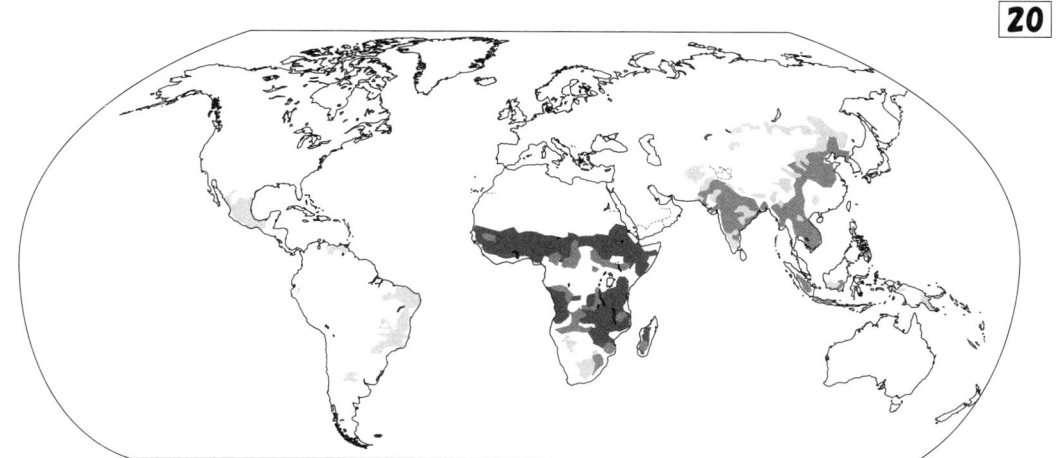

① 火山
② 津波
③ 干ばつ
④ 地震

問15 世界には夏の間だけ，サマータイムと呼ばれる1時間早い時間が採用されている地域がある。8月1日の19時50分に東京（UCT+9）を出発した飛行機に乗った人が，サマータイム期間中のロンドン（London）に到着した時間は現地時間の何時か，次の①〜④の中から一つ選びなさい。ただし，ロンドンの経度は0°であり，東京からロンドンへの飛行時間は12時間とする。

21

① 8月1日22時50分
② 8月1日23時50分
③ 8月2日16時50分
④ 8月2日15時50分

第5回　実戦問題

問16　次の文章を読み，文章中の空欄 a ， b に当てはまる語の組み合わせとして最も適当なものを，下の①〜④の中から一つ選びなさい。　22

　世界の山地には様々な種類がある。2億年以上前の古生代に作られた山脈である古期造山帯には a や，約2,000万年前から地殻変動が盛んな山脈である新期造山帯には b といった山脈が含まれる。

	a	b
①	ウラル山脈	アパラチア山脈
②	ヒマラヤ山脈	ウラル山脈
③	アンデス山脈	グレートディバイディング山脈
④	アパラチア山脈	アンデス山脈

注）ウラル山脈(Ural Mountains)，アパラチア山脈(Appalachian Mountains)，ヒマラヤ山脈(Himalayan Range)，アンデス山脈(Andes)，グレートディバイディング山脈(Great Dividing Range)

問17　次の各国とその国で主に信仰されている宗教の組み合わせとして**適当でないもの**を，下の①〜④の中から一つ選びなさい。　23

	国	宗教
①	ロシア	カトリック
②	トルコ	イスラム教
③	イギリス	プロテスタント
④	マレーシア	イスラム教

注）ロシア(Russia)，カトリック(Catholic)，トルコ(Turkey)，イスラム教(Islam)，プロテスタント(Protestantism)，マレーシア(Malaysia)

問18 次の図は，カナダ（Canada）におけるある分布を表したものであり，色の濃いものほど割合が高い。この分布が示すものとして正しいものを，下の①〜④の中から一つ選びなさい。

24

① フランス語話者の割合
② 大学に進学する子供の割合
③ 面積に占める森林の割合
④ 外国からの移民の割合

問19 次の文章を読み，文章中の空欄 a ， b に当てはまる語の組み合わせとして最も適当なものを，下の①〜④の中から一つ選びなさい。

25

　フランスでは国家元首として大統領が存在すると同時に，首相が存在する。首相は a によって選ばれる。一方， b も大統領と首相が併存しており，首相が政治実権を握っている。

	a	b
①	国民選挙	ドイツ
②	国民選挙	ロシア
③	大統領	ドイツ
④	大統領	ロシア

第5回　実戦問題

問20　18世紀後半の中心となる出来事として知られるのがアメリカ独立宣言である。この出来事の説明として**適当でないもの**を，次の①～④の中から一つ選びなさい。　26

① アメリカ独立宣言はトーマス・ジェファーソン（Thomas Jefferson）らによって起草された。
② アメリカ独立宣言の内容は直前に起きたフランス革命（French Revolution）の内容に大きく影響を受けている。
③ アメリカ独立宣言は，民主主義の基本原理を明らかにし，アメリカ合衆国憲法の基礎となった。
④ アメリカ独立宣言では奴隷の人権については言及されなかった。

問21　イギリス出身のロックとフランス出身のルソーは民主主義政治の発展に大きな影響を与えてきたといわれている。次の表の人物とその人物の著作の組み合わせとして最も適当なものを，下の①～④の中から一つ選びなさい。　27

	ロック	ルソー
①	『リヴァイアサン』	『社会契約論』
②	『市民政府二論』	『社会契約論』
③	『リヴァイアサン』	『法の精神』
④	『市民政府二論』	『法の精神』

注）ロック（John Locke），ルソー（Jean-Jacques Rousseau），リヴァイアサン（Leviathan）

問22　日本においては住民が地方自治体に対して，個人の見解や主張を直接反映させることができる。この権利の対象として最も適当なものを，次の①～④の中から一つ選びなさい。　28

① 公職や役職の解職
② 議会の議長の選任
③ 地方税の引き下げ
④ 簡易裁判の実施

問23 日本の衆議院議員総選挙の際に必ず同時に実施される投票として正しいものを，次の①〜④の中から一つ選びなさい。29

① 地方自治体の首長選挙
② 参議院議員の一部改選
③ 最高裁判所裁判官の国民審査
④ 内閣総理大臣の選任選挙

問24 ロシアがウクライナ（Ukraine）との間に領土問題を抱えている地域の位置として正しいものを，次の①〜④の中から一つ選びなさい。30

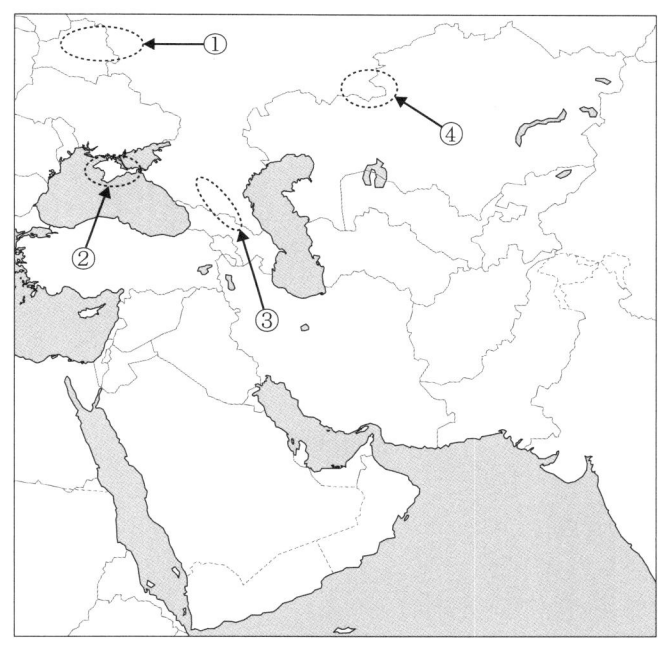

問25 世界では難民の増加と受け入れが深刻な問題になっている。この問題に対処する国際連合の機関の略称として正しいものを，次の①〜④の中から一つ選びなさい。 31

① UNESCO
② UNHCR
③ WHO
④ PKO

問26 アフリカ（Africa）諸国は長い間欧州列強の植民地として支配されていた。Aの地域の旧宗主国として正しいものを，次の①〜④の中から一つ選びなさい。 32

① ベルギー（Belgium）
② フランス
③ イギリス
④ イタリア（Italy）

問27 次の文章を読み，文章中の空欄 a ， b に当てはまる語の組み合わせとして最も適当なものを，下の①～④の中から一つ選びなさい。 33

　2010年に a で始まったジャスミン革命と呼ばれる騒乱をきっかけに，アラブ諸国で反政府デモが広がっていった。この動きは「アラブの春」と呼ばれ，周辺諸国にも広がりリビアでは b による42年間による独裁体制に終止符が打たれるなど大きな変化をもたらした。

	a	b
①	エジプト	カダフィ
②	エジプト	ムバラク
③	チュニジア	カダフィ
④	チュニジア	ムバラク

注）エジプト（Egypt），チュニジア（Tunisia），カダフィ（Muammar Gaddafi），ムバラク（Hosni Mubarak）

問28 次の文章を読み，文章中の空欄 a ， b に当てはまる語の組み合わせとして最も適当なものを，下の①～④の中から一つ選びなさい。 34

　第一次世界大戦は人類初の世界大戦として多大な犠牲を払いながら終結した。その戦後処理が行われた a ではアメリカ大統領の b が「十四か条の平和原則」を提唱し，後の国際連盟設立につながるなど，平和協調の第一歩が記された。

	a	b
①	パリ講和会議	ウィルソン
②	パリ講和会議	トルーマン
③	サンフランシスコ講和会議	ウィルソン
④	サンフランシスコ講和会議	トルーマン

注）サンフランシスコ（San Francisco），ウィルソン（Thomas Woodrow Wilson），トルーマン（Harry S. Truman）

第5回　実戦問題

問29 第二次世界大戦に関する記述として最も適当なものを，次の①〜④の中から一つ選びなさい。　　　35

① 第二次世界大戦において敗戦国となったドイツはベルリン（Berlin）を境界線に領土を分割されるとともに，多額の賠償金の支払を求められた。
② 敗戦国となったドイツ・日本の政治的指導者は戦争犯罪人として国際連合のもとに裁判にかけられた。
③ 第二次世界大戦以降，アジア各国は独立を進め，タイもフランスから独立した。
④ 日本は第二次世界大戦後，アメリカの統治下に置かれていたが，1951年のサンフランシスコ講和条約によって独立を回復した。

問30 1970年代後半に起きた第二次石油危機の原因となった出来事として正しいものを，次の①〜④の中から一つ選びなさい。　　　36

① イラン・イラク戦争（Iran-Iraq War）
② イラン革命（Iranian Revolution）
③ 湾岸戦争（Gulf War）
④ 第四次中東戦争（Yom Kippur War）

問31　第二次世界大戦以降，主に欧州列強の植民地だった国で経済発展のため開発独裁という政治体制が取られることがあった。その国と指導者の組み合わせとして**誤っているもの**を，次の①〜④の中から一つ選びなさい。　37

	国名	指導者
①	イラン	パフレヴィー
②	フィリピン	マルコス
③	チリ	ネルー
④	インドネシア	スハルト

注）パフレヴィー（dudmân Pahlavi），ティトー（Josip Broz Tito），フィリピン（Philippines），マルコス（Ferdinand Edralin Marcos），チリ（Chile），ネルー（Jawaharlal Nehru），インドネシア（Indonesia），スハルト（Soeharto）

問32　次に示す日本に関わる出来事A〜Dを年代順に並べたものとして正しいものを，下の①〜④の中から一つ選びなさい。　38

A：国民所得倍増計画の公表
B：減反政策の実施
C：傾斜生産方式の採用
D：裁判員制度の導入

① B→A→C→D
② B→C→D→A
③ C→A→D→B
④ C→A→B→D

総合科目の問題はこれで終わりです。解答欄の 39 〜 60 はマークしないでください。

この問題冊子を持ち帰ることはできません。

第6回

実戦問題
解答時間 80分

正解と得点分布図確認

QRコードを読み取ってオンライン解答用紙に解答を記入し、正解と得点分布を確認してください。

問1 次の文章を読み，下の問い(1)～(4)に答えなさい。

　2020年に東京で56年ぶりに₁夏季オリンピック(Olympic Games)が開催される。これに伴い，近年増加している₂訪日外国人の数がさらに増加することが予想されている。また，このような世界的スポーツイベントは₃各国の経済状況が如実に反映される場でもあり，オフィシャルスポンサーといった広告のラインアップに経済状況が反映されている。一方で日本の夏は₄高温多湿であり，選手・観客ともに安全な競技運営が課題の一つとして挙げられている。

(1) 下線部1に関して，東京オリンピックに向けて訪日観光客の増加に対応するため検討されている政策として**誤っているもの**を，次の①～④の中から一つ選びなさい。　1

　① 訪日ビザ要件の緩和
　② 為替介入による円高の推進
　③ 民泊の解禁
　④ 消費税免税制度の拡充

(2) 下線部2に関して，次のグラフは訪日外国人の国別の推移を表したものである。A〜Dに当てはまる国名の組み合わせとして最も適当なものを，下の①〜④の中から一つ選びなさい。 2

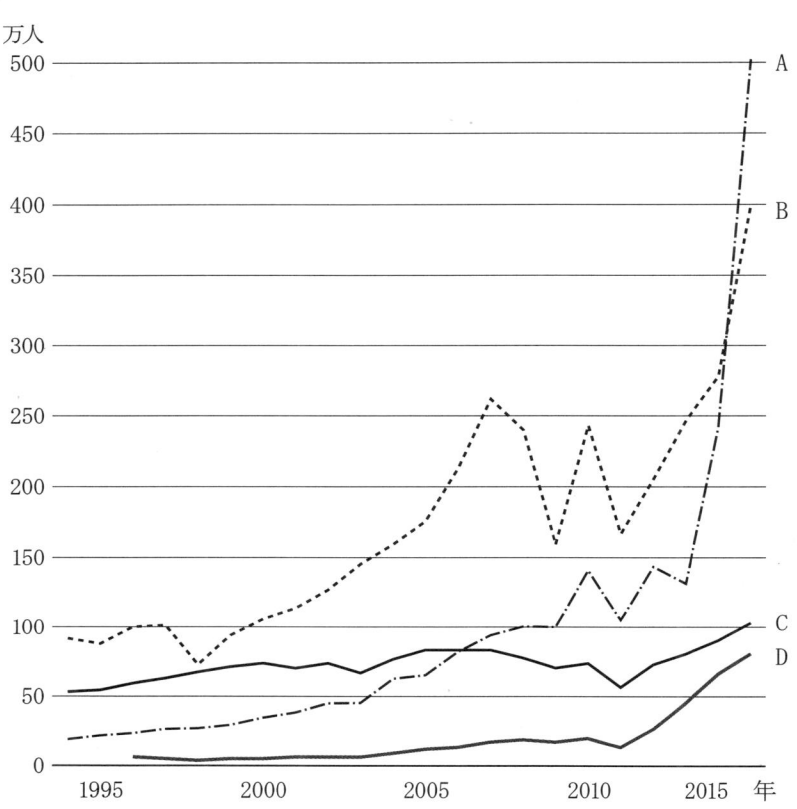

日本政府観光局（JNTO）発表統計より作成

	A	B	C	D
①	アメリカ	韓国	中国	イギリス
②	中国	韓国	アメリカ	タイ
③	韓国	中国	アメリカ	タイ
④	アメリカ	中国	韓国	イギリス

注) アメリカ (USA), ＊中国 (China), 韓国 (South Korea), イギリス (UK), タイ (Thailand)
＊台湾，香港，マカオは含まれていない

(3) 下線部 3 に関して，次のグラフは，日本，中国，ドイツ（Germany），イギリスのGDP推移を表したものである。グラフ中のA～Dに当てはまる国名の組み合わせとして正しいものを，下の①～④の中から一つ選びなさい。　3

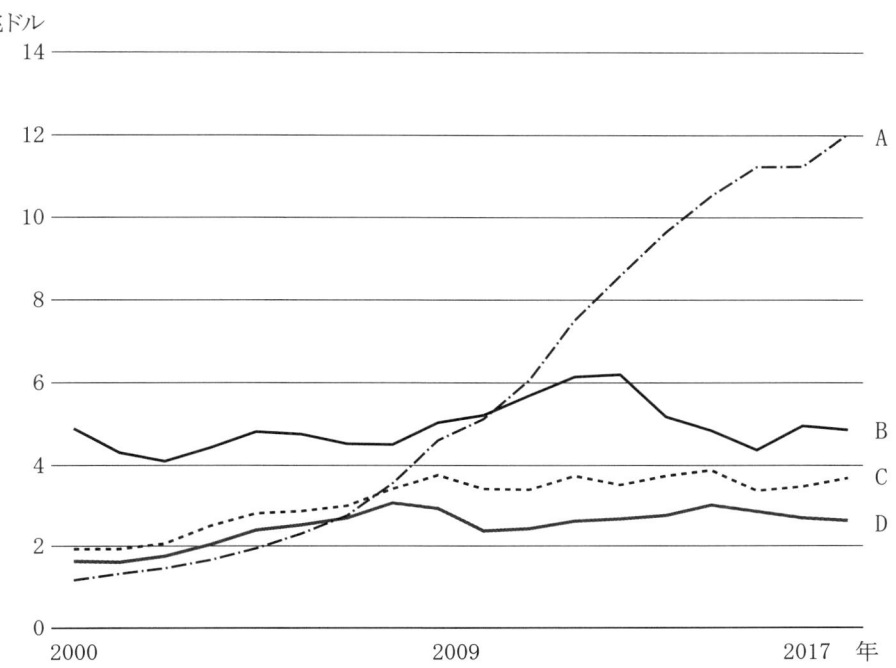

国際通貨基金（IMF）統計資料より作成

	A	B	C	D
①	日本	中国	イギリス	ドイツ
②	日本	中国	ドイツ	イギリス
③	中国	日本	イギリス	ドイツ
④	中国	日本	ドイツ	イギリス

(4) 下線部 **4** に関して，次のハイサーグラフは，東京，マイアミ (Miami)，香港 (Hong Kong)，ケープタウン (Cape Town) の気候を表したものである。東京のハイサーグラフとして正しいものを，下の①〜④の中から一つ選びなさい。　4

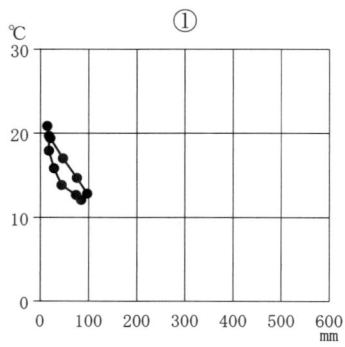

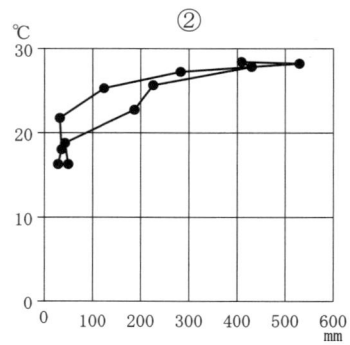

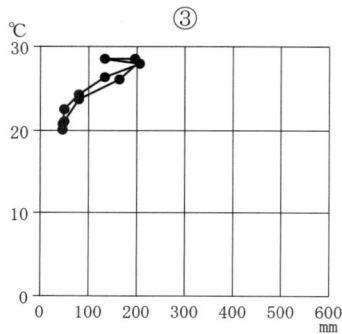

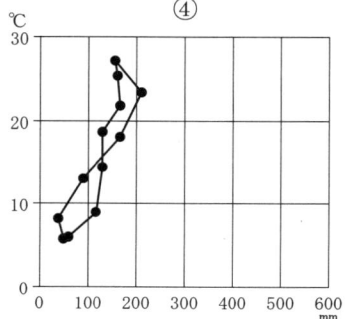

『理科年表』より作成

問2 次の文章を読み，下の問い(1)～(4)に答えなさい。

2016年にアメリカ₁大統領選挙が行われ，ドナルド・ジョン・トランプ（Donald John Trump）が勝利した。トランプ氏はアメリカの₂貿易協定離脱を決め，₃輸入製品への関税引き上げなど，₄保護主義的な政策を打ち出しており，今後のアメリカ政府の動向が非常に注目されている。

(1) 下線部1に関して，アメリカの大統領選出の方法として正しいものを，次の①～④の中から一つ選びなさい。　5

① 国民から選出された代議員が国会で投票することで選出される。
② 州ごとに選挙人を選出し，選挙人の獲得数の多い候補が選出される。
③ 国民が直接各候補に対して投票し，獲得数の多い候補が選出される。
④ 国民が各候補の所属する政党名を投票し，全土で得票数の多い政党の候補者が選出される。

(2) 下線部2に関して，トランプ氏がアメリカ大統領になってからアメリカが脱退した貿易協定として正しいものを，次の①～④の中から一つ選びなさい。　6

① EU・米国間の包括的な貿易投資協定
② 北米自由貿易協定
③ アメリカ・中米間自由貿易協定
④ 環太平洋戦略的経済連携協定

(3) 下線部 3 に関して，日本もアメリカの大きな貿易相手国であるが，アメリカが日本から輸入している品目として最も割合が高いもの（2015年）を，次の①〜④の中から一つ選びなさい。　7

① 電気・電子機器
② 化学品
③ 一般機械
④ 自動車・同部品

(4) 下線部 4 に関して，保護主義を擁護する幼稚産業保護論を唱えた経済学者として最も適当なものを，次の①〜④の中から一つ選びなさい。　8

① フリードリッヒ・リスト（Friedrich List）
② ミルトン・フリードマン（Milton Friedman）
③ デヴィッド・リカード（David Ricardo）
④ フリードリヒ・エンゲルス（Friedrich Engels）

問3 グローバリゼーションが進展する中で起こることとして**適当でないもの**を，次の①〜④の中から一つ選びなさい。　10

① 国境を超えて，NGOや市民運動などが広がり，各国政府に対して変革を促す力となる。
② 各国でヒトやモノの流通が活性化されるため，各国間の格差が徐々に縮小されていく。
③ 情報の流通が容易になることで，国家を超える力を持つ多国籍の巨大企業が生まれる。
④ ヒトの行き来が容易になることで，移民が増え，元からの住民との間に文化的軋轢が生まれる。

問4 次の図の市場全体の価格均衡点がAからBにシフトした場合の説明として正しいものを，下の①〜④の中から一つ選びなさい。　10

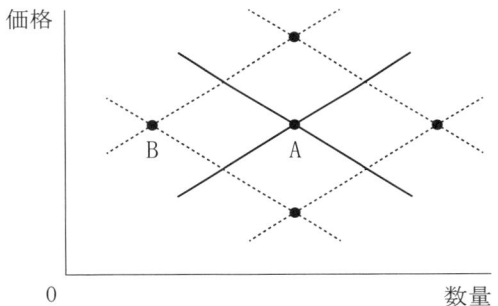

① 原材料の枯渇により生産可能な数量が減少した。
② 商品に掛かる税率が引き下げられた。
③ より魅力的な代替製品が登場した。
④ 技術革新により大量生産が可能になった。

第6回　実戦問題

問5 次の文章を読み，文章中の空欄 a ， b に当てはまる語の組み合わせとして最も適当なものを，下の①～④の中から一つ選びなさい。　11

不況期における金融政策として，中央銀行は金利を a ，市中への資金供給量を b ことを行う。

	a	b
①	引き上げ	増やす
②	引き下げ	増やす
③	引き上げ	減らす
④	引き下げ	減らす

問6 次の文章を読み，文章中の空欄 a ， b に当てはまる人名の組み合わせとして正しいものを，下の①～④の中から一つ選びなさい。　12

イギリスの経済学者 a は国際貿易における「比較優位」を発見し，国際分業論を説いた。 a の友人でもある b は『人口論』の中で，人口抑制と消費の増大の必要性を説いた。

	a	b
①	リカード	マルサス（Thomas Robert Malthus）
②	アダム・スミス（Adam Smith）	J.S. ミル（John Stuart Mill）
③	エンゲルス	マルクス（Karl Heinrich Marx）
④	セイ（Jean-Baptiste Say）	馬寅初（Ma Yinchu）

問7　ある国の税収が10兆円，社会保障関係費が7兆円であり，国債を1000億円発行した。一方でこれまで発行した国債の償還と利払いの額が500億だった場合，この国家の基礎的財政収支（プライマリーバランス）として正しいものを，次の①～④の中から一つ選びなさい。　13

① 3兆500億円のプラス
② 3兆500億円のマイナス
③ 2兆8500億円のプラス
④ 2兆8500億円のマイナス

問8　次の文章を読み，文章中の空欄 a ， b に入る語の組み合わせとして最も適当なものを，下の①～④の中から一つ選びなさい。　14

　日本の税制において消費税や，酒税，たばこ税といった税金は a と呼ばれる。中でも消費税は2019年に b への引き上げが予定されている。

	a	b
①	直接税	10%
②	間接税	10%
③	直接税	8%
④	間接税	8%

第6回　実戦問題

問9　日本銀行に関する記述として最も適当なものを，次の①～④の中から一つ選びなさい。

15

① 日本銀行は一般市民からも預金を預かる。
② 不況時は通貨量を増加させる金融緩和政策を実施する。
③ 日本銀行は財務省の指揮のもと，金融を安定させるための政策を実施する。
④ 不況時は売りオペレーションを実施して，物価の安定を図る。

問10　円高が発生した際に日本経済に生じる影響として正しいものを，次の①～④の中から一つ選びなさい。

16

① 輸出の割合が高い企業の業績が悪化する。
② 訪日外国人の数が増加し，観光業の収入が増加する。
③ 輸入品の価格が上昇するため，内需向けの企業の業績が好転する。
④ 原油価格が高騰し，ガスや電気の料金が引き上げられる。

問11 次の図は，2006年から2016年にかけての日本，中国，アメリカ，インドにおける一次エネルギー消費量の推移を示したものである。図のA～Dの組み合わせとして正しいものを，下の①～④の中から一つ選びなさい。 17

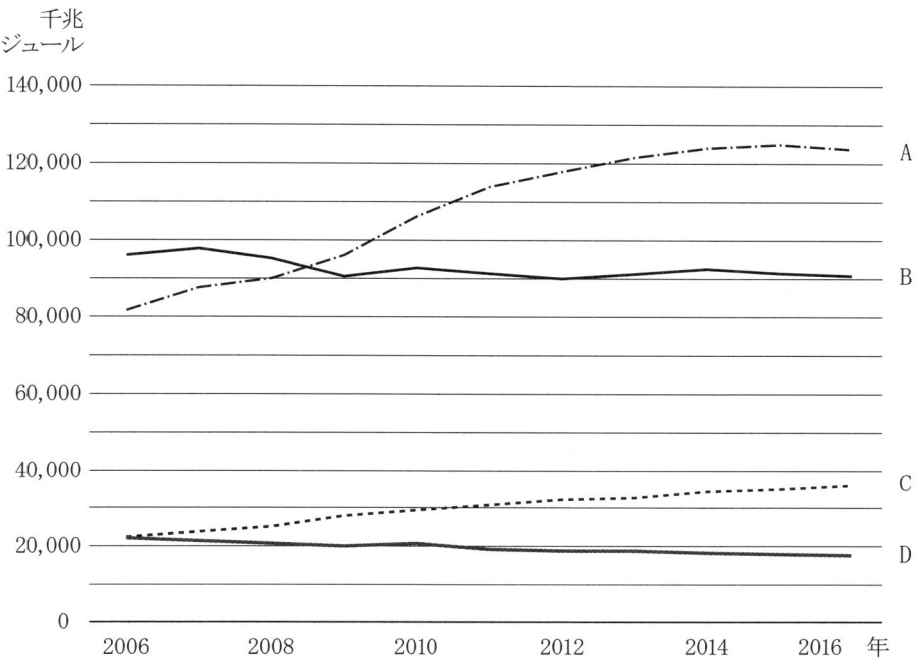

IEA統計より作成

	A	B	C	D
①	日本	アメリカ	インド	中国
②	アメリカ	中国	日本	インド
③	中国	アメリカ	インド	日本
④	インド	日本	中国	アメリカ

注）インド（India）

問12 1990年代に日本が直面した経済危機に関する記述として**適当でないもの**を，次の①〜④の中から一つ選びなさい。　18

① 1990年代の日本のバブル崩壊は当時の大蔵省による急速な経済引き締めが発端となった。
② 1990年代には銀行の多額の不良債権が明るみに出て，不況の一因となった。
③ 1990年代の経済が減速した時代には非正規雇用で就業する人の割合が増加した。
④ 1990年代後半のアジア通貨危機（Asian Financial Crisis）は日本の円が急激に売られたことが発端となった。

問13 1986年から1994年にかけてのGATTの a ラウンドで，世界貿易機関（WTO）を設立することが決定された。空欄 a に入るものとして正しいものを，次の①〜④の中から一つ選びなさい。　19

① ウルグアイ（Uruguay）
② メキシコ（Mexico）
③ 東京
④ ドーハ（Doha）

問14 近年の日本経済に関する記述として最も適当なものを，次の①〜④の中から一つ選びなさい。　20

① 製造業が軒並み不調であり，中でも自動車産業では世界の売上高5位以内に入るメーカーが存在していない。

② 景気対策から金利が上昇する傾向にあり，2018年には公定歩合がバブル崩壊前の水準を超えるようになった。

③ 第一次産業への注目が高まっており，2017年には就業者の割合が10％を超える水準となった。

④ アメリカのようにインターネット産業において全世界的な影響力を持つ企業が出てきておらず，世界のIT分野における存在感の希薄さが懸念されている。

問15 自然国境は山や川などによって作られた国境である。自然国境として**正しくないもの**を，次の①〜④の中から一つ選びなさい。　21

	自然国境	該当国
①	ピレネー山脈	フランス，スペイン
②	ナイル川	リビア，エジプト
③	ユーフラテス川	イラン，イラク
④	アンデス山脈	チリ，アルゼンチン

注) ピレネー山脈 (Pyrenees), ナイル川 (Nile), ユーフラテス川 (Euphrates), アンデス山脈 (Andes), フランス (France) スペイン (Spain), リビア (Libya), エジプト (Egypt), イラン (Iran), イラク (Iraq), チリ (Chile), アルゼンチン (Argentine)

第6回　実戦問題

問16　次の文章を読み，文章中の空欄 a ， b に当てはまる語の組み合わせとして最も適当なものを，下の①～④の中から一つ選びなさい。　22

地中海周辺では a に乾燥する気候が特徴であり，その気候を利用した b の栽培が広く行われ，食文化に大きな影響を与えている。

	a	b
①	冬季	オリーブ
②	冬季	イネ
③	夏季	オリーブ
④	夏季	イネ

注）オリーブ (Olive)，イネ (Oryza sativa)

問17　7月25日に東京からメキシコシティ (Mexico City) 間のフライトにおいて，東京発の便の所用時間は12時間50分である。一方，メキシコシティ発の便の所用時間は14時間10分となる。この原因として正しいものを，次の①～④の中から一つ選びなさい。　23

①　日付変更線を越えたため
②　東京とメキシコシティには時差があるため
③　ジェット気流の影響のため
④　サマータイム実施中のため

注）ジェット気流 (Jet stream)，サマータイム (Summer time)

問18 次の文章を読み，文章中の空欄 a ， b に当てはまる語の組み合わせとして最も適当なものを，下の①〜④の中から一つ選びなさい。 24

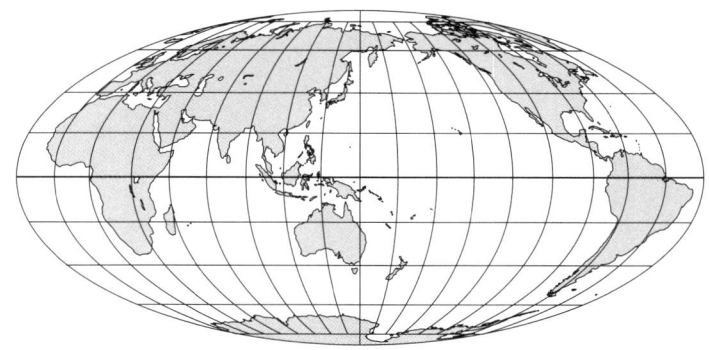

この地図は a によって作成された地図であり， b の用途で利用されることが多い。

	a	b
①	モルワイデ図法	分布図
②	メルカトル図法	航海図
③	正距方位図法	分布図
④	正距方位図法	航空図

注）モルワイデ図法（Mollweide's projection），メルカトル図法（Mercator's projection）

問19 言語はその地域の文化を表すが，周囲と異なる特徴を持った言語が分布している「言語島」と呼ばれる地域が存在している。ヨーロッパの中で言語島となっている国として最も適当なものを，次の①〜④の中から一つ選びなさい。 25

① ドイツ
② ルーマニア（Rumania）
③ ポルトガル（Portugal）
④ イタリア（Italy）

第6回　実戦問題

問20 世界には首相と大統領が併置されている国がある。そのような国として**正しくないもの**を，次の①〜④の中から一つ選びなさい。　26

① ドイツ
② フランス
③ ロシア（Russia）
④ アメリカ

問21 次の文章を読み，文章中の空欄 a ， b に当てはまる語の組み合わせとして最も適当なものを，下の①〜④の中から一つ選びなさい。　27

日本の衆議院は a が任期となっており，任期が満了するか，解散された場合に選挙が実施される。選挙にあたっては b のもとで施行される。

	a	b
①	4年	小選挙区比例代表並立制
②	4年	選挙区比例代表並立制
③	5年	中選挙区制
④	5年	選挙区比例代表並立制

問22 大日本帝国憲法に規定された臣民の義務として**正しくないもの**を，次の①〜④の中から一つ選びなさい。　28

① 教育の義務
② 納税の義務
③ 兵役の義務
④ 勤労の義務

問23 近年，ライフスタイルの多様化や生活習慣の変化により「新しい人権」という概念が出現している。このうち，「健康で快適な環境の回復・保全を求める権利」として正しいものを，次の①～④の中から一つ選びなさい。 29

① 幸福追求権
② 環境権
③ 生存権
④ プライバシー権

問24 環境問題について国際的な会議が世界各地で行われてきた。A～Dの会議が開かれた時期を年代順に並べたものとして正しいものを，次の①～④の中から一つ選びなさい。 30

A：南アフリカ（South Africa）のヨハネスブルグ（Johannesburg）で開催された「持続可能な開発に関するヨハネスブルグ宣言」が採択された会議
B：ブラジルのリオデジャネイロで開催された「環境と開発に関するリオデジャネイロ宣言」が採択された会議
C：スウェーデン（Sweden）のストックホルム（Stockholm）で開催された「人間環境宣言」及び「環境国際行動計画」が採択された会議
D：日本の京都で開かれた「気候変動枠組条約に関する議定書」が採択された会議

① C→B→A→D
② B→D→C→A
③ C→B→D→A
④ B→C→A→D

問25 次の文章を読み，文章中の空欄 a ， b に当てはまる語の組み合わせとして最も適当なものを，下の①〜④の中から一つ選びなさい。　31

　日本は1945年の敗戦後，アメリカの統治下に置かれることになったが，1951年の a 講和条約によって独立を回復し，国際社会に復帰した。その後もアメリカの統治下にあった沖縄も b 年に日本へ復帰した。

	a	b
①	ヴェルサイユ	1965
②	ヴェルサイユ	1972
③	サンフランシスコ	1965
④	サンフランシスコ	1972

注）ヴェルサイユ (Versailles)，サンフランシスコ (San Francisco)

問26 次の文章を読み，文章中の空欄 a ， b に当てはまる数字の組み合わせとして最も適当なものを，下の①〜④の中から一つ選びなさい。　32

　国連海洋法条約において，領海は干潮時の海岸線から a カイリと定められている。また，沿岸国に水産資源や天然資源の優先的専有が認められる排他的経済水域は沖合 b カイリと定められている。

	a	b
①	15	200
②	15	350
③	12	200
④	12	350

問27 アフリカ大陸の多くの地域はヨーロッパ（Europe）の列強の植民地支配を受けてきたが，独立を保ち続けた国も存在する。植民地支配を受けたことがない国を，次の①～④の中から一つ選びなさい。　33

問28 フランス革命（French Revolution）の結果として起きたことに関する記述として適当でないものを，次の①～④の中から一つ選びなさい。　34

① フランス革命の結果，度量衡の単位が統一され，メートル法が定められた。
② ルイ16世（Louis XVI）が大きな権力を手に入れ，フランスの初代大統領として即位した。
③ 世界各地に革命の波が伝播し，ギリシャ（Greece）の独立を促す一因となった。
④ カトリック教会が所有する土地を剥奪されるなど，弾圧を受けるようになった。

第6回 実戦問題

問29 20世紀冒頭に起きた日露戦争では国力に劣る日本がロシアに勝利する結果となった。これはロシアが革命前夜の混乱にあったことと，日本が a と同盟を結んでいたため，ロシアがフランスからの支援を受けられなかったことが要因として挙げられる。 a に入る国名として正しいものを，次の①〜④の中から一つ選びなさい。 35

① アメリカ
② ベルギー（Belgium）
③ ドイツ
④ イギリス

問30 次の文章を読み，文章中の空欄 a ， b に当てはまる語として最も適当なものを，下の①〜④の国の中から一つ選びなさい。 36

　1930年代に世界恐慌（Great Depression）に遭遇したアメリカはそこからの景気回復のため， a へと変化していった。この施策の理論的支柱となったのが b であり，その後の世界の経済政策に大きな影響を与えることになった。

	a	b
①	小さな政府	ケインズ
②	小さな政府	ハイエク
③	大きな政府	ケインズ
④	大きな政府	ハイエク

注）ケインズ（John Maynard Keynes），ハイエク（Friedrich August von Hayek）

問31　第二次世界大戦終結以降，日本円は a のもと，1ドル＝360円で固定されてきた。その後， b で a が崩壊し，日本円も変動相場制に移行することとなった。 a ， b に当てはまる語の組み合わせとして最も適当なものを，次の①〜④の国の中から一つ選びなさい。

37

	a	b
①	スミソニアン協定	リーマン・ショック
②	スミソニアン協定	ニクソン・ショック
③	ブレトン・ウッズ体制	リーマン・ショック
④	ブレトン・ウッズ体制	ニクソン・ショック

注）スミソニアン協定(Smithsonian Agreement)，ブレトン・ウッズ体制(Bretton Woods Agreements)，リーマン・ショック(The Financial Crisis)，ニクソン・ショック(Nixon Shock)

問32　20世紀後半の冷戦期には世界各地でアメリカとソ連の対立構造を反映した代理戦争が起きた。この代理戦争として**適当でないもの**を，次の①〜④の中から一つ選びなさい。

38

① 中越戦争（Sino-Vietnamese War）

② アンゴラ内戦（Angolan Civil War）

③ ベトナム戦争（Vietnam War）

④ 朝鮮戦争（Korean War）

総合科目の問題はこれで終わりです。解答欄の 39 〜 60 はマークしないでください。

この問題冊子を持ち帰ることはできません。

第 7 回

実戦問題
解答時間 80 分

正解と得点分布図確認

QRコードを読み取ってオンライン解答用紙に解答を記入し、正解と得点分布を確認してください。

問1 次の文章を読み，下の問い(1)〜(4)に答えなさい。

　プエルトリコ (Puerto Rico)は $_1$カリブ海(Caribbean Sea)に浮かぶ島で，元々はスペインの植民地であった。19世紀後半に $_2$独立運動が起き，スペインからの自治を勝ち取ったが，それもつかの間，1898年に米西戦争 (Spanish-American War)に勝利した $_3$アメリカ合衆国(USA)に編入され，現在はアメリカ合衆国の自治領・未編入地域となっている。一方で経済面ではカリブ海地域に多い $_4$モノカルチャー(Monoculture)の農産物もなく，経済は観光業に依存し，厳しい状況に置かれている。

(1) 下線部1に関して，プエルトリコの位置として最も適当なものを，次の①〜④の中から一つ選びなさい。　1

(2) 下線部 2 に関して，19世紀前半にラテンアメリカ（Latin America）5カ国を独立に導いた指導者として最も適当なものを，次の①～④の中から一つ選びなさい。　2

① シモン・ボリバル（Simón Bolívar）
② トゥサン・ルヴェルチュール（Toussaint L'Ouverture）
③ ジョージ・ワシントン（George Washington）
④ ベニート・フアレス（Benito Pablo Juárez García）

(3) 下線部 3 に関して，この時期のアメリカの外交政策に関する記述として**適当でないもの**を，次の①～④の中から一つ選びなさい。　3

① 帝国主義的な政策を推し進め，アジア（Asia）地域ではフィリピン（Philippines）を植民地として獲得した。
② 1901年に就任したフランクリン・ルーズベルト（Franklin Delano Roosevelt）大統領は，強行的な外交政策を推し進めた。
③ カリブ海地域では政治・財政不安が生じた際に積極的に軍隊を派遣し，国際警察的な役割を果たそうとした。
④ 中南米ではコロンビア（Colombia）からパナマ（Panama）を独立させ，パナマ運河（Panama Canal）を建設した。

(4) 下線部 4 に関して，モノカルチャーが行われている国と生産される農作物の組み合わせとして最も適当なものを，次の①～④の中から一つ選びなさい。　4

	国名	農作物
①	キューバ（Cuba）	砂糖
②	イギリス（UK）	紅茶（Black tea）
③	ナイジェリア（Nigeria）	テンサイ（Sugar beet）
④	スリランカ（Sri Lanka）	オリーブ（Olive）

問2 次の文章を読み，下の問い(1)～(4)に答えなさい。

　2018年に世界的なスポーツイベントとしてサッカーのFIFAワールドカップ（World Cup）が₁ロシア(Russia)で開催された。ロシアでワールドカップが開催されるのは史上初であるが，これは近年ロシアの₂資源を原動力とした₃経済発展が背景となっている。次回のワールドカップは2022年₄クウェート(Kuwait)で開催される予定である。

(1) 下線部**1**に関して，ロシアの首都であるモスクワ（Moscow）の位置として正しいものを，次の①～④の中から一つ選びなさい。　5

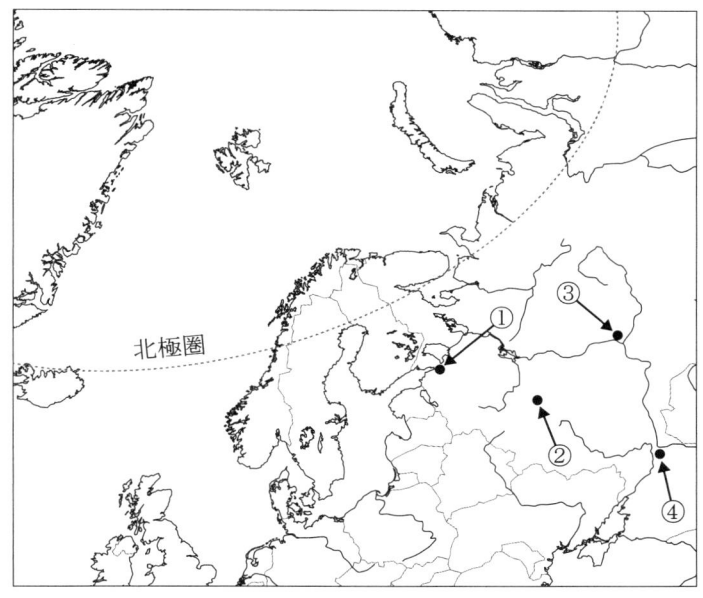

第7回　実戦問題

(2) 下線部2に関して，次の地図上のロシアの地域で産出される資源として正しいものを，下の①〜④の中から一つ選びなさい。 6

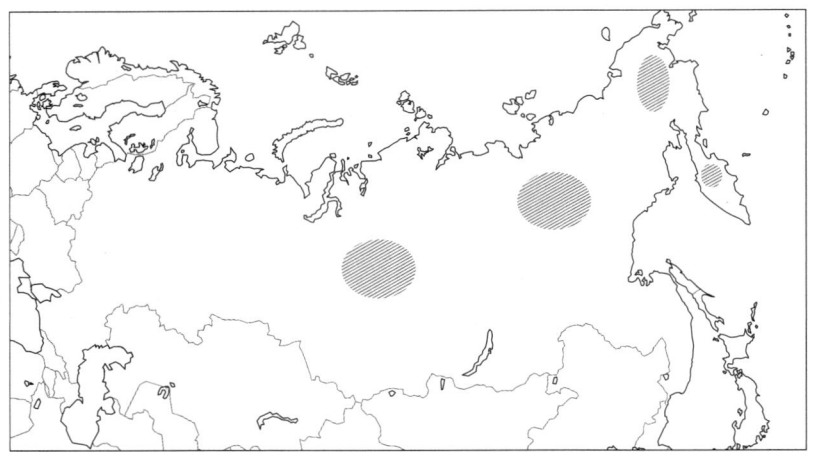

① 天然ガス
② 石油
③ 石炭
④ レアアース（rare-earth element）

(3) 下線部3に関して，経済発展に伴い，公害問題が生じる例が多い。日本の公害に関する記述として最も適当なものを，次の①〜④の中から一つ選びなさい。 7

① 熊本県で発生したイタイイタイ病は日本で最初の公害問題となった。
② 東日本大震災の際の福島第一原発事故によって放射能漏れが発生した結果，日本での原子力発電は現在に至るまで再開されていない。
③ 日本の四大公害病の一つである川崎公害は水質汚染によるぜんそくが発生した。
④ 四日市ぜんそくは三重県で亜硫酸ガスによって引き起こされた公害である。

(4) 下線部**4**に関して，次の原油生産量の多い国世界上位10カ国のグラフの中で，クウェートが当てはまる位置を，下の①～④の中から一つ選びなさい。　**8**

順位	国名	生産量（バレル/日量）
1	アメリカ	1,305.7 万
2	①	1,195.1 万
3	ロシア	1,125.7 万
4	②	498.2 万
5	カナダ (Canada)	483.1 万
6	③	452.0 万
7	アラブ首長国連邦 (United Arab Emirates)	393.5 万
8	中国 (China)	384.6 万
9	④	302.5 万
10	ブラジル (Brazil)	273.4 万

「BP 世界エネルギー統計 2018」より作成

問3 市場経済において，「市場の失敗」が発生し，市場メカニズムが正しく作用しなくなる際にその原因として**誤っているもの**を，次の①～④の中から一つ選びなさい。　**9**

① 公共財の存在
② 完全競争
③ 独占と寡占
④ 外部経済

問4 次の図の市場全体の供給曲線がAの方向にシフト（移動）した場合の説明として正しいものを，下の①～④の中から一つ選びなさい。 10

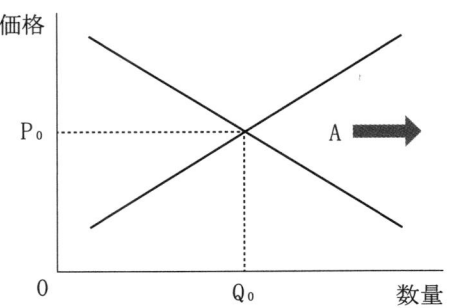

① 広告の効果により商品の需要が一時的に高まった。
② 代替製品の登場により商品を利用する機会が減少した。
③ 法律の改正により企業の業界への参入が容易になった。
④ 天候等の外部要因により商品を生産できる数が減少した。

問5 価格弾力性に関する記述として最も適当なものを，次の①～④の中から一つ選びなさい。 11

① 価格弾力性の高い商品ほど，価格競争が起きにくい。
② 価格弾力性は価格の変化率を需要の変化率で割ることで算出される。
③ 製品の切り替えコストが高い商品は価格弾力性も高い。
④ 一般的に生活必需品のような商品ほど，価格弾力性が小さくなる。

問6 次の文章を読み,文章中の空欄 a , b に当てはまる語の組み合わせとして最も適当なものを,下の①~④の中から一つ選びなさい。　12

　政府の経済活動に対するあり方として,アダム・スミス（Adam Smith）は主著『国富論』（The Wealth of Nations）の中で a という国家のありかたを提起した。一方で20世紀の経済学者ケインズ（John Maynard Keynes）は,国家は b として経済に関わることで完全雇用が実現できると主張した。

	a	b
①	夜警国家	大きな政府
②	福祉国家	大きな政府
③	夜警国家	小さな政府
④	福祉国家	小さな政府

問7 次の文章を読み,文章中の空欄 a , b に当てはまる語の組み合わせとして最も適当なものを,下の①~④の中から一つ選びなさい。　13

　通常,好況時には物価が a するインフレーションが発生するが,経済の後退が発生しているにも関わらず,物価の a が発生することを b と呼ぶ。

	a	b
①	上昇	デフレーション
②	上昇	スタグフレーション
③	下落	デフレーション
④	下落	スタグフレーション

問8 次のグラフは，1990年～2016年にかけての穀物生産量の上位四カ国の推移を示したものである。グラフ中のA～Dに当てはまる国名の組み合わせとして正しいものを，下の①～④から一つ選びなさい。 14

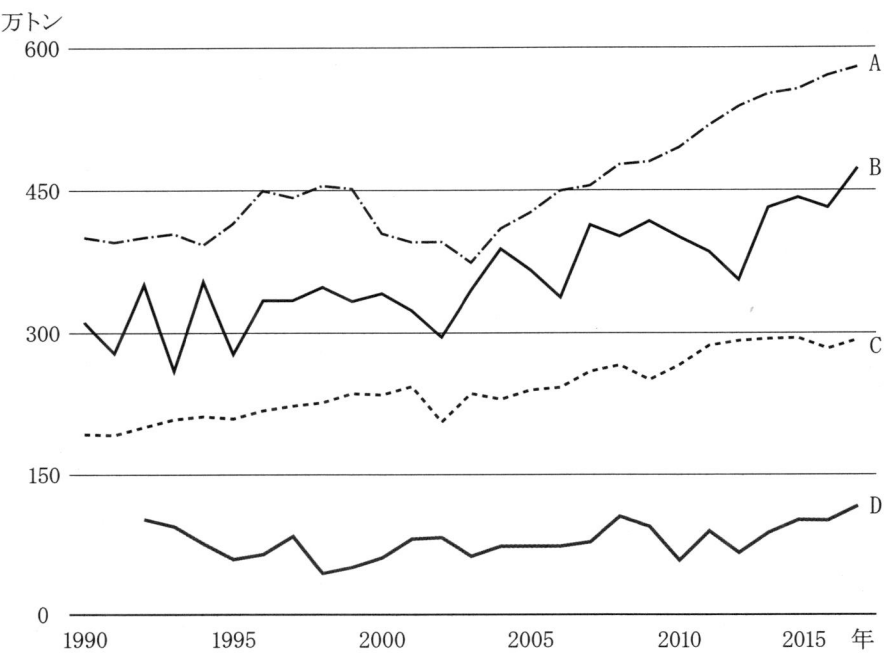

国連食糧農業機関資料より作成

	A	B	C	D
①	ロシア	アメリカ	インド	中国
②	アメリカ	インド	中国	ロシア
③	インド	中国	ロシア	アメリカ
④	中国	アメリカ	インド	ロシア

注）インド（India）

問9 次の文章を読み，文章中の空欄 a ， b に当てはまる語の組み合わせとして最も適当なものを，下の①〜④の中から一つ選びなさい。 15

1929年から始まった世界恐慌の発端となったアメリカでは，不況を乗り越える政策として a の学説に基づくニューディール政策（New Deal）を実施した。これは b の支出を増加させることで経済を活性化させ，経済の回復につなげようとするものであった。

	a	b
①	シュンペーター	政府
②	ケインズ	政府
③	シュンペーター	民間
④	ケインズ	民間

注）シュンペーター（Joseph Alois Schumpeter）

問10 ある国の2018年のGDPが500兆円であった。この国の2019年のGDPは520兆円であり，実質成長率は10%であった。この場合，2018年から2019年にかけてのGDPデフレーターの数値（小数点第2位以下は切り捨て）として最も適当なものを，次の①〜④の中から選びなさい。 16

① 105.7
② 104.0
③ 94.5
④ 93.6

問11 次のグラフは，日本の産業別就業者割合を表したものである。点Aは1950年の日本の構成比を表している。ここから現在に至るまで日本の産業別就業者割合が変化した方向として最も適当なものを，下の①〜④の中から選びなさい。　17

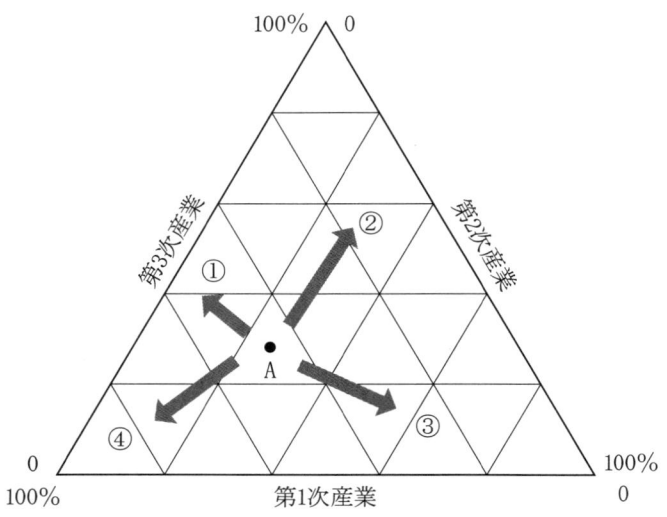

総務省「労働力調査」より作成

問12 1990年代前半，日本ではバブル景気と呼ばれた好景気が終焉し，長い不況の時代に突入することになった。この好景気の背景となった出来事として正しいものを，次の①〜④の中から一つ選びなさい。　18

① 第一次石油危機（First Oil Crisis）
② プラザ合意（Plaza Accord）
③ ドッジ・ライン（Dodge Line）
④ ニクソン・ショック（Nixon Shock）

問13 次のグラフは，日本，アメリカ，インド(India)，中国の各国の二酸化炭素(CO_2)排出量の推移を表したグラフである。グラフ中のA～Dに当てはまる国名の組み合わせとして正しいものを，下の①～④の中から一つ選びなさい。　19

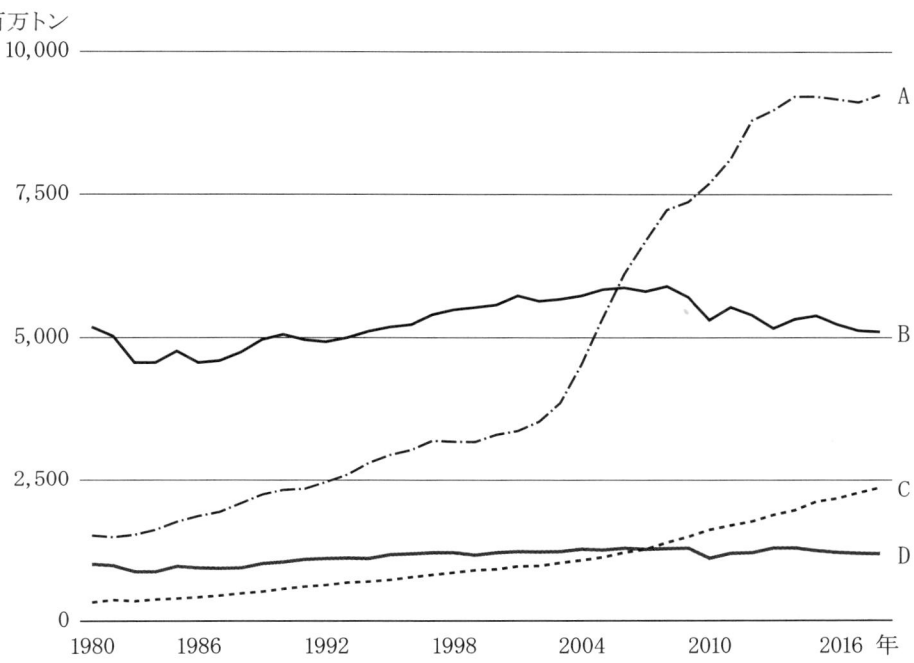

	A	B	C	D
①	中国	アメリカ	インド	日本
②	中国	インド	日本	アメリカ
③	インド	中国	アメリカ	日本
④	インド	アメリカ	中国	日本

問14 次の地図中のAはウラル山脈で古生代に形成された穏やかな高度の山地である。ウラル山脈と同じ時期に形成された穏やかな高度の山脈として最も適当なものを，下の①～④の中から一つ選びなさい。 20

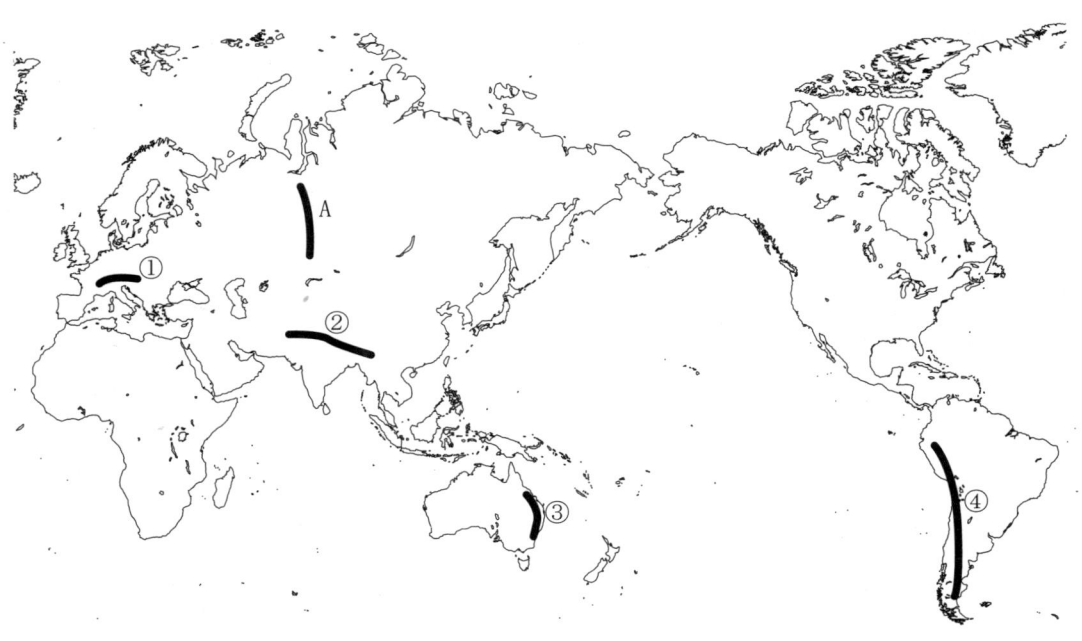

問15 地中海性気候に関する記述として適当でないものを，次の①～④の中から一つ選びなさい。 21

① 地中海性気候は地中海沿岸地域に限られ，他の場所では見られない。

② 地中海性気候の地域では，オリーブやブドウなどの果物や柑橘類の栽培が行われている。

③ 地中海性気候の特徴として冬に一定の降雨があるが，夏は日ざしが強く乾燥する。

④ 地中海性気候の地域では最暖月の平均気温が10℃以上である。

問16 次の文章を読み，文章中の空欄 a , b に当てはまる語の組み合わせとして最も適当なものを，次の①～④の中から一つ選びなさい。 22

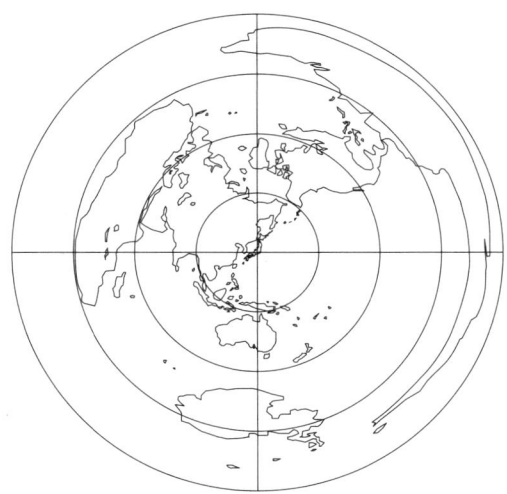

この地図は a によって作成された地図であり， b の用途で利用されることが多い。

	a	b
①	モルワイデ図法	分布図
②	モルワイデ図法	航空図
③	正距方位図法	分布図
④	正距方位図法	航空図

注）モルワイデ図法（Mollweide's projection）

問17 2月20日の18時に東京からある都市に向かって飛行機で出発した。飛行機に搭乗していた時間は10時間で，現地に到着した際の現地時間は2月20日の11時だった。この都市として考えられる最も適当なものを，次の①～④の中から選びなさい。 23

① ロサンゼルス（Los Angeles）
② ホノルル（Honolulu）
③ ロンドン（London）
④ リオデジャネイロ（Rio de Janeiro）

第7回　実戦問題

問18　次の日本地図で囲われた部分の海岸の種類として正しいものを，下の①〜④の中から一つ選びなさい。　24

① 砂浜海岸
② 河岸段丘
③ フィヨルド
④ リアス式海岸

問19　国家権力を立法，司法，行政の三権分立とすることを主張した人物として正しいものを，次の①〜④の中から一つ選びなさい。　25

① モンテスキュー（Montesquieu）
② ブライス（James Bryce）
③ ロック（John Locke）
④ ルソー（Rousseau）

問20 次の文章を読み，文章中の空欄 a に当てはまる語として最も適当なものを，下の①〜④の中から一つ選びなさい。　26

　イギリスは「君臨すれども統治せず」の言葉に象徴される a の政体である。これは君主として女王が存在するが，その権力は憲法によって規制される政治体制である。

① 共和制
② 独裁制
③ 立憲君主制
④ 専制君主制

問21 日本国憲法が「社会権」を保障しているが，それが具体的に言及されている憲法の条文として**適当でないもの**を，次の①〜④の中から選びなさい。　27

① すべて国民は，健康で文化的な最低限度の生活を営む権利を有する。
② 思想及び良心の自由は，これを侵してはならない。
③ すべて国民は，法律の定めるところにより，その能力に応じて，ひとしく教育を受ける権利を有する。
④ 勤労者の団結する権利及び団体交渉その他の団体行動をする権利は，これを保障する。

第7回　実戦問題

問22　次の文章を読み，文章中の空欄 a ， b に当てはまる語として最も適当なものを，下の①～④の中から一つ選びなさい。　28

　日本国憲法の改正には各議院の総議員の a 以上の賛成を経て国会が発議し，その後国民投票での過半数の賛成が必要であり，改正が比較的難しい硬性憲法である。しかし近年，自衛隊を巡る憲法 b 条をはじめとする改憲の議論が高まってきており，大きな日本政治の争点となっている。

	a	b
①	2分の1	9
②	2分の1	15
③	3分の2	9
④	3分の2	15

問23　日本の裁判制度に関する記述として最も適当なものを，次の①～④の中から選びなさい。　29

①　最高裁判所の裁判官のうち，裁判所長官のみが国民審査に付される。
②　日本では一般市民が参加する裁判員制度は導入されていない。
③　日本の裁判所は法律等の合憲性を審査することはない。
④　日本では原則，最大3回まで裁判を受けることができる。

問24　アメリカの政治体制として正しいものを，次の①～④の中から一つ選びなさい。　30

①　大統領は法律案について拒否権を有しているが，議会によって覆されることがある。
②　大統領は元首と首相を兼ね，立法の最高責任者として強大な行政権限を持っている。
③　アメリカ各州は軍隊を有しているが，州独自の法律を決定することはできない。
④　アメリカには大統領は三選が禁止されており，3回大統領に就任した人物はいない。

問25 1972年，環境問題について世界で初めて大規模な政府間会合が行われ「人間環境宣言」が採択された。この会議が開催された都市として正しいものを，次の①～④の中から一つ選びなさい。　31

① ナイロビ（Nairobi）
② 京都
③ リオデジャネイロ
④ ストックホルム（Stockholm）

問26 日本の地方自治の特徴に関する記述として最も適当なものを，次の①～④の中から一つ選びなさい。　32

① 日本の地方自治体は「平成の大合併」によって合併が進み，「村」の行政単位は消滅した。
② 住民は地方自治体に対して首長や職員の解職を求めることができる。
③ 地方自治体の議員は20歳以上の男女に被選挙権が与えられる。
④ 日本の地方自治体の事務は法定受託事務と機関委任事務の二種類の区分に分割される。

問27 日本における普通選挙の歴史として正しいものを，次の①～④の中から一つ選びなさい。　33

① 日本では第二次世界大戦後の1945年に18歳以上の男女全員に選挙権が与えられ，完全普通選挙が実現した。
② 1925年の改正衆議院議員選挙法により20歳以上の男女に選挙権が与えられた。
③ 日本で最初の選挙が行われた1890年の選挙の際には華族と呼ばれる身分の25歳以上の男性にのみ選挙権が与えられた。
④ 2016年の法改正により選挙権が18歳以上の男女に与えられることになった。

第7回　実戦問題

問28　18世紀から20世紀にかけて，欧米列強はアジア諸国を帝国主義的支配のもとにおいた。この時期に植民地支配を**受けたことがない国**を，次の①〜④の中から一つ選びなさい。

34

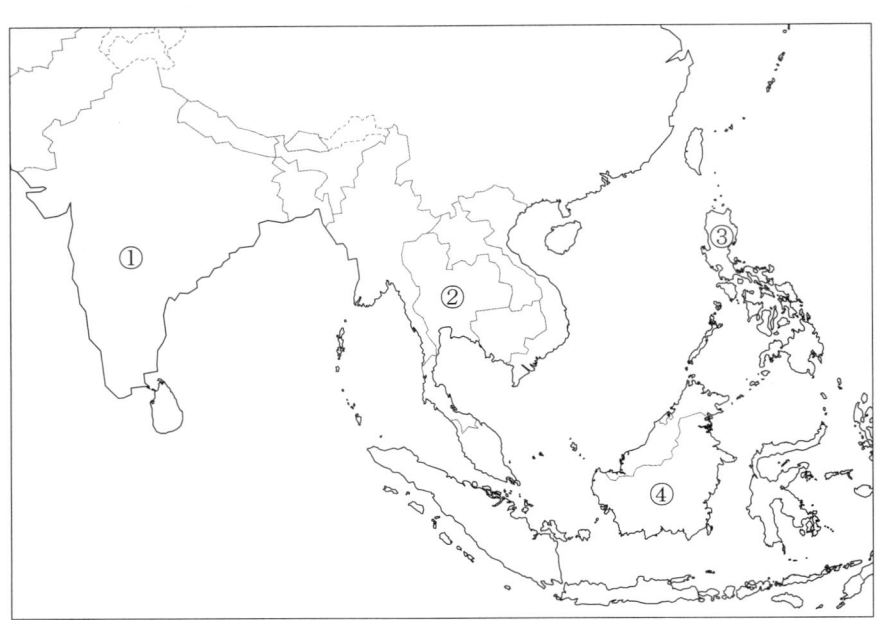

問29　次の文章を読み，文章中の空欄 a ， b に当てはまる語の組み合わせとして最も適切なものを，下の①〜④から一つ選びなさい。

35

ヴェルサイユ条約 (Treaty of Versailles) では第一次世界大戦の戦争責任はドイツ (Germany) にあるとされ，過酷な賠償がドイツに課された。これは後年のナチス (Nazis) の躍進を招く遠因となった。また a がモンロー主義のもと，調印を拒否するなどの問題もあった。一方で国際協調の精神が盛り込まれ b の規約が第一条に盛り込まれた。

	a	b
①	アメリカ	国際連盟
②	アメリカ	国際連合
③	イギリス	国際連盟
④	イギリス	国際連合

問30 世界での平和協調は中世から様々な取り組みがされてきた。次のA～Dの条約を年代順に並べたものとして正しいものを，下の①～④の中から一つ選びなさい。　36

A：マーストリヒト条約（Maastricht Treaty）
B：ウェストファリア条約（Peace of Westphalia）
C：下関条約（Treaty of Shimonoseki）
D：サンフランシスコ講和条約（Treaty of Peace with Japan）

① C→D→A→B
② B→C→D→A
③ C→B→D→A
④ B→D→A→C

問31 第二次世界大戦末期，終戦に向けて，連合国側の各国首脳の間で会談が開催された。その中でヤルタ会談（Yalta Conference），ポツダム宣言（Potsdam Declaration）は戦後の世界秩序を決定付けるのに大きな意味を持つものであった。その出席者の組み合わせとして正しいものを，次の①～④の中から一つ選びなさい。　37

	ヤルタ会談	ポツダム宣言
①	チャーチル，F・ローズヴェルト，蒋介石	チャーチル，F・ローズヴェルト，スターリン
②	チャーチル，トルーマン，スターリン	チャーチル，トルーマン，蒋介石
③	チャーチル，F・ローズヴェルト，スターリン	チャーチル，トルーマン，スターリン
④	チャーチル，トルーマン，スターリン	チャーチル，F・ローズヴェルト，スターリン

注）チャーチル（Churchill），F・ローズヴェルト（Franklin Delano Roosevelt），スターリン（Stalin），蒋介石（Chiang Kai-shek）

第7回 実戦問題

問32 冷戦に関する記述として最も適当なものを，次の①〜④の中から一つ選びなさい。

38

① 冷戦時に米ソのどちらにも与しない国は「第三世界」と呼ばれ，ユーゴスラビア (Yugoslavia) のチャウシェスク (Nicolae Ceausescu) がまとめ役として活躍した。

② 1962年に発生したキューバ危機 (Cuban Missile Crisis) では米ソ両国が激しく対立し，第三次世界大戦への発展も懸念されたが，中国の仲介で危機が回避された。

③ 冷戦末期には米ソ両国の間に軍縮の動きが見られ，1987年には中距離核戦力全廃条約 (INF) が調印された。

④ 冷戦後，ソ連崩壊 (Dissolution of the Soviet Union) の影響によって，世界範囲でのテロ活動が完全に停止した。

総合科目の問題はこれで終わりです。解答欄の 39 〜 60 はマークしないでください。

この問題冊子を持ち帰ることはできません。

第**8**回

実戦問題
解答時間 80 分

正解と得点分布図確認

QRコードを読み取ってオンライン解答用紙に解答を記入し、正解と得点分布を確認してください。

問1 次の文章を読み，下の問い(1)〜(4)に答えなさい。

　カナダ（Canada）は約998.5万km²と世界第2位の広大な国土を有しており，その自然は非常にバラエティに富んでいる。東は大西洋（Atlantic Ocean），西岸の一部は₁太平洋(Pacific Ocean)，北はボーフォート海（Beaufort Sea），北極海（Arctic Ocean）に面しており，国土の中央部のウィニペグ湖（Lake Winnipeg）からロッキー山脈（Rocky Mountains）にかけては，₂広大なプレーリー(Prairie)である。水路となる五大湖（Great Lakes）の北にはカナダ楯状地が広がっている。

　歴史的には16世紀に₃フランス(France)が先に植民地化を開始したが，イギリス（UK）が後に進出し，この両国による勢力争いが繰り広げられた後，イギリスが領有した。その後，1867年に自治権を持った連邦国家となった。しかし外交権は有しておらず完全な独立は1931年に₄ウェストミンスター憲章(Statute of Westminster)が出るまで待たざるを得なかった。

(1) 下線部1に関して，下の図のカナダの太平洋側のアラスカ（Alaska）との国境付近の海岸線に見られる特徴的な海岸地形に関する記述として最も適当なものを，次の①〜④の中から一つ選びなさい。　1

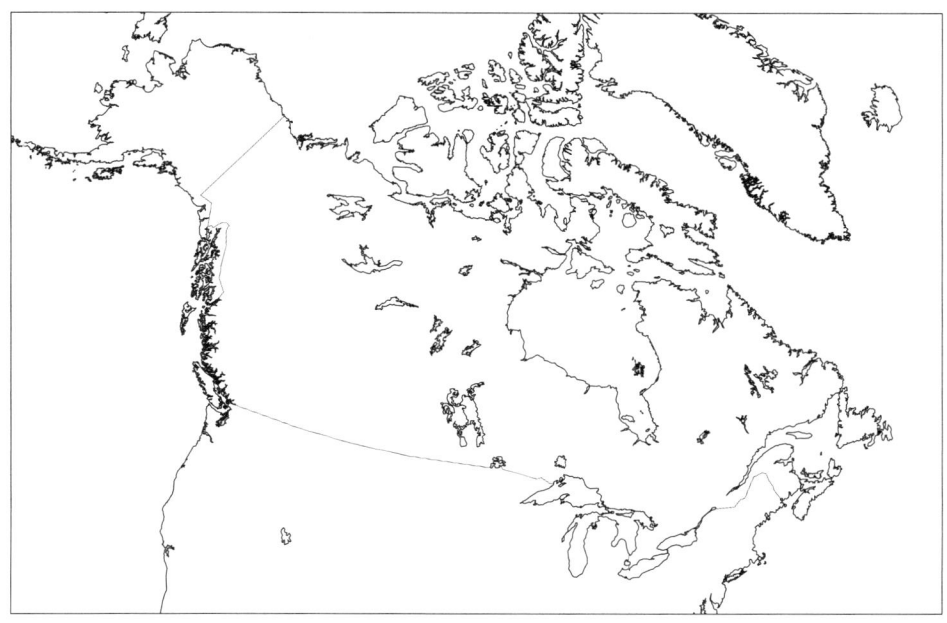

第 8 回　実戦問題

① 山地のV字谷が沈水して，谷あいに海水が入り込んでできた海岸地形である。

② 氷河によって形成されたU字谷に海水が流れ込み入り江となった海岸地形である。

③ 土砂の運搬が少ない河川の河口部で，河川沿いの低地に海水が入り，河口部が沈水した海岸である。

④ 隆起または海面低下（沈降）によって，遠浅の海底の堆積面が上昇してできた海岸線である。

(2) 下線部 2 に関して，カナダでは小麦の生産が盛んである。次の表は，2017年の小麦，大麦，とうもろこし，大豆の生産量の第1位の国とカナダの順位を表したものである。小麦を表すものとして最も適当なものを，下の①〜④の中から一つ選びなさい。　2

	第 1 位	カナダの順位
①	アメリカ	第 12 位
②	ロシア	第 6 位
③	中国	第 7 位
④	アメリカ	第 7 位

FAO資料より作成
注）アメリカ（USA），ロシア（Russia），中国（China）

(3) 下線部 3 に関して，その影響でカナダではフランス語話者が多い地域が存在し，ある州ではフランス語のみが公用語として認められている。その州として最も適当なものを，次の①〜④の中から一つ選びなさい。　3

① オンタリオ州（Ontario）

② アルバータ州（Alberta）

③ マニトバ州（Manitoba）

④ ケベック州（Quebec）

⑷ 下線部4に関して，ウェストミンスター憲章に関する記述として最も適当なものを，次の①～④の中から一つ選びなさい。　　　4

① 世界恐慌（Great Depression）に直面し，イギリスの国力が減少する中で，各自治領をイギリス連邦の枠の中に入れることで影響力を保つため制定した。

② 国際連盟（League of Nations）からイギリスに対して各植民地の独立を認めるよう強い圧力が高まっていたため制定した。

③ ウェストミンスター憲章の制定によってインド（India）とエジプト（Egypt）も独立が認められた。

④ イギリス国内で啓蒙思想が高まり，国内から植民地の独立を認めるべきであるという声が高まったため制定した。

第8回　実戦問題

問2　次の文章を読み，下の問(1)〜(4)に答えなさい。

　₁コーヒーは世界中で嗜好品として愛されている。コーヒーは栽培に適している特定の気候条件があり，その地域は₂コーヒーベルトと呼ばれている。13世紀ころからコーヒー豆を焙煎して抽出するという形になったと言われており，ヨーロッパでは16世紀ころから嗜好品として親しまれ，イギリスではコーヒーハウスで₃政治に関する論戦が交わされ，社会に影響を及ぼしたほど社会と結びついていた。日本には18世紀末に伝来したと言われており，正式な記録としては₄1804年に著された書物にその名前が登場している。

(1)　下線部1に関して，次の表はコーヒー豆の生産量上位5カ国を表したものである。 a ， b に当てはまる国名の組み合わせとして正しいものを，下の①〜④の中から一つ選びなさい。

5

順位	国名	生産量（トン）
1	ブラジル	2,680,515
2	a	1,542,398
3	コロンビア	754,376
4	b	668,677
5	ホンジュラス	475,042

FAO資料より作成（2017年）

	a	b
①	ベトナム	インドネシア
②	エチオピア	グアテマラ
③	インドネシア	ベトナム
④	グアテマラ	エチオピア

注）ブラジル（Brazil），コロンビア（Columbia），ホンジュラス（Honduras），ベトナム（Vietnam），インドネシア（Indonesia），エチオピア（Ethiopia），グアテマラ（Guatemala）

(2) 下線部 2 に関して，コーヒーベルトの北限と南限を表すラインとして最も適当なものを，次の図中の①〜④の中から一つ選びなさい。　6

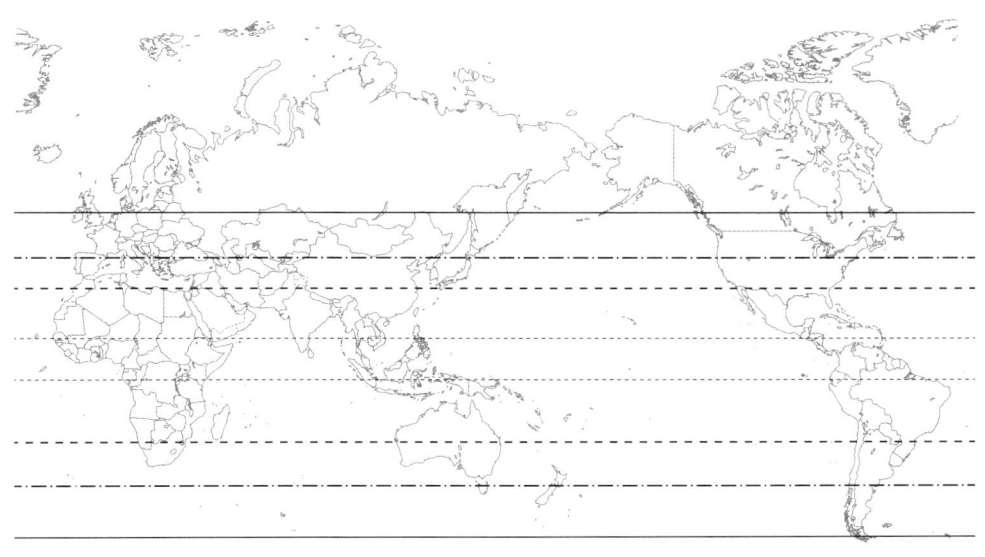

① ─────
② ─・─・─
③ ─ ─ ─ ─
④ ・・・・・・・・

(3) 下線部 3 に関して，現在のイギリスの政治に関する記述として最も適当なものを，次の①〜④の中から一つ選びなさい。　7

① 首相は国民投票によって直接選出される。
② 日本と同様に憲法が明文化されている。
③ 上院が優越しており，首相は上院の多数党の党首である。
④ 野党第一党がいつでも政権を交代できるように，「影の内閣」を組織する。

第8回　実戦問題

(4) 下線部**4**に関して，次の19世紀の世界史に関する記述として**適当でないもの**を，下の①〜④の中から一つ選びなさい。　　　8

① パリ条約によって，アメリカ合衆国の独立が承認された。

② イギリスで産業革命への反動として，ラダイト運動が起きた。

③ アメリカ合衆国のモンロー大統領は，アメリカ大陸とヨーロッパ大陸間の相互不干渉を提唱した。

④ ナポレオンが皇帝に即位し，フランス第一帝政が始まった。

注）パリ条約（Treaty of Paris），産業革命（Industrial Revolution），ラダイト運動（Luddite movement），ナポレオン（Napoléon Bonaparte），モンロー大統領（James Monroe）

問3 次の図が示すように,市場全体の供給曲線がAからBにシフト(移動)した場合の説明として**適当でないもの**を,下の①～④の中から一つ選びなさい。 9

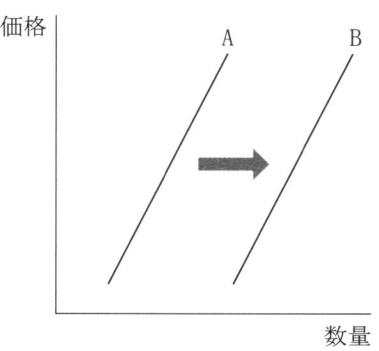

① 製品の付加価値が上昇し,商品価格が上昇した。
② 生産過程においてイノベーションが起き,供給量が増加した。
③ 法律の改正によって業界への参入が容易になり,生産量が増加した。
④ 需要の高まりによって,生産量が増加した。

問4 重商主義に関する記述として最も適当なものを,次の①～④の中から一つ選びなさい。 10

① 重商主義のベースとなったのは農業生産性の向上という社会的背景である。
② 重商主義において貿易は重視されなかった。
③ 重商主義の中間段階として,輸出を輸入より大きくすることで,政府収入を増大させようとする貿易差額主義が生まれた。
④ 重商主義は最終的に貿易での差額を追求したため,各国で積極的な市場開放が行われるようになった。

第8回　実戦問題

問5　各国の経済の規模を計測する指標の一つに国内総生産（GDP）がある。ある国の昨年のGDPが100兆円，今年のGDPが150兆円，物価上昇率が10％だったとした際に，実質GDP成長率の値として正しいものを，次の①〜④の中から一つ選びなさい。　11

① 35.6％
② 36.4％
③ 45.0％
④ 50.0％

問6　次のグラフは，日本，中国，アメリカ合衆国，コンゴ（Congo）の2000年の人口を100％とした時の2050年までの人口推計の推移を表したものである。このグラフのA〜Dの国名の組み合わせとして最も適当なものを，下の①〜④の中から一つ選びなさい。　12

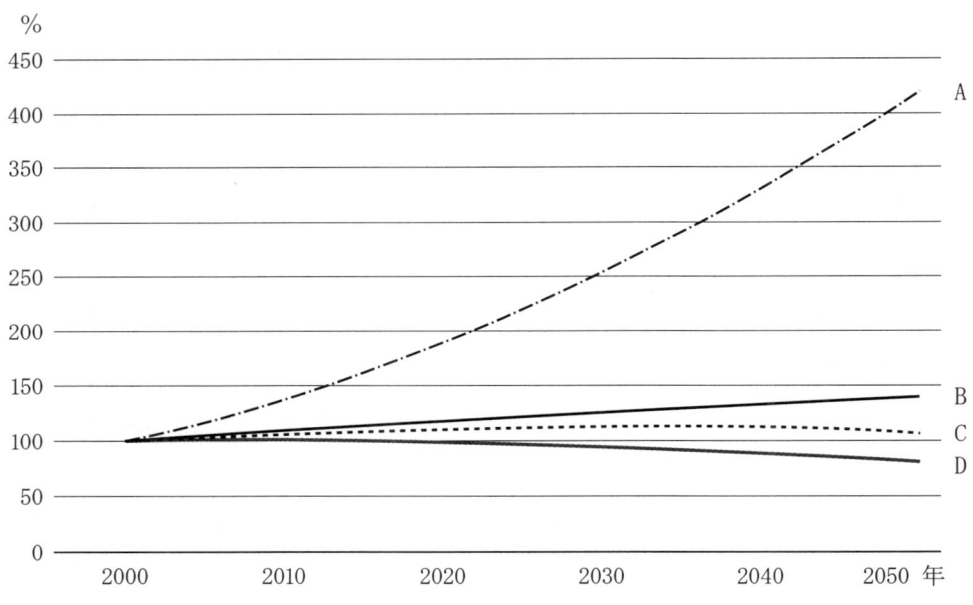

国連『世界人口予測（2017）』より作成

	A	B	C	D
①	コンゴ	アメリカ	中国	日本
②	コンゴ	アメリカ	日本	中国
③	中国	コンゴ	日本	アメリカ
④	中国	コンゴ	アメリカ	日本

問7 次の文章を読み，文章中の空欄 a ， b に当てはまる語の組み合わせとして最も適当なものを，下の①～④の中から一つ選びなさい。 13

政府の財政には自動的に景気を安定させる仕組みがあり，たとえば a は景気がよくなると自動的に税金があがることで過度な消費を抑制する仕組みになっている。このような自動的に景気を安定させる税制上の仕組みを b とよぶ。

	a	b
①	逆進税	フィスカル・ポリシー
②	逆進税	ビルト・イン・スタビライザー
③	累進課税	フィスカル・ポリシー
④	累進課税	ビルト・イン・スタビライザー

注）フィスカル・ポリシー（fiscal policy），ビルト・イン・スタビライザー（built-in stabilizer）

問8 価格弾力性に関する記述として最も適当なものを，次の①～④の中から一つ選びなさい。 14

① 生活必需品は，所得に関係なく，需要がある。よって，生活必需品は需要の価格弾力性が大きい。
② 価格弾力性が小さいと市場での競争の心配が少ないといえる。
③ 需要の価格弾力性が弾力的であれば，需要曲線の傾きは急になる。この場合，値上げすると需要が急に小さくなる。
④ 価格弾力性は計算式で表され，「価格の変化率(%)」を「需要の変化率(%)」で割ることで，価格弾力性が数値化される。

第 8 回　実戦問題

問 9　日本では「太平洋ベルト」が工業生産の盛んな地域となっている。この地域として最も適当なものを，次の①〜④の中から一つ選びなさい。　15

問10 次のグラフは，1975年～2015年にかけての各国の水産物漁獲量の推移を示したものである。グラフ中のA～Dに当てはまる国名の組み合わせとして正しいものを，下の①～④の中から一つ選びなさい。 16

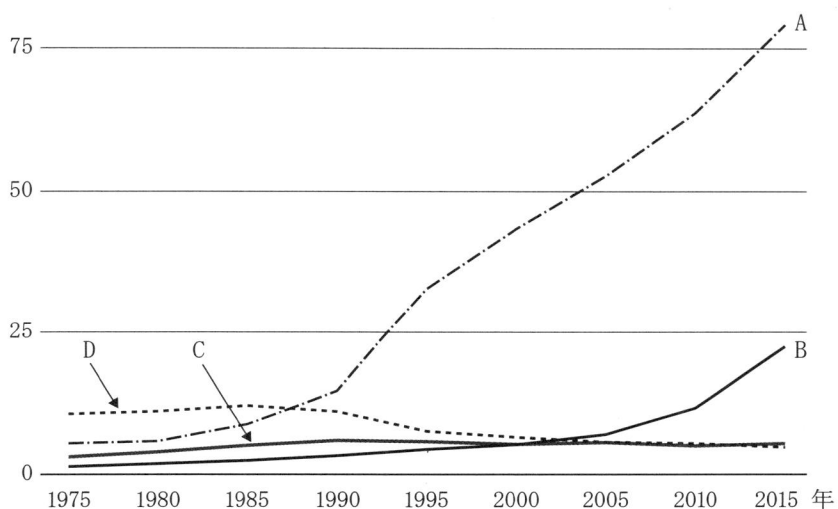

FAO資料より作成

	A	B	C	D
①	中国	インドネシア	アメリカ	日本
②	中国	日本	インドネシア	アメリカ
③	インドネシア	中国	アメリカ	日本
④	インドネシア	中国	日本	アメリカ

問11 国民負担率とは租税負担と社会保障負担の合計額の対国民所得比である。次のグラフは，2009年の日本，アメリカ，イギリス，スウェーデン（Sweden）の国民負担率と高齢化率を表したものである。グラフ中のA～Dに当てはまる国名の組み合わせとして最も適当なものを，下の①～④の中から一つ選びなさい。　17

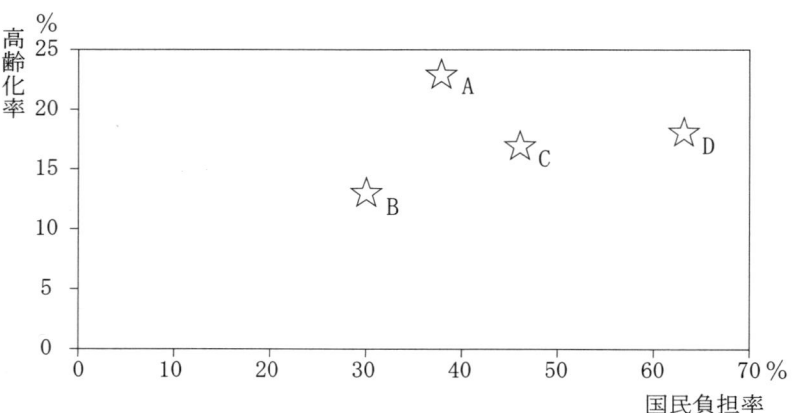

財務省ウェブサイトより作成

	A	B	C	D
①	イギリス	アメリカ	日本	スウェーデン
②	スウェーデン	イギリス	アメリカ	日本
③	日本	イギリス	アメリカ	スウェーデン
④	日本	アメリカ	イギリス	スウェーデン

問12　国家の役割として重要なものの一つに所得の再分配による平等の実現がある。その尺度となる所得分配の平等さを測るものとして正しいものを，次の①〜④の中から一つ選びなさい。　　18

① エンゲル係数（Engel's coefficient）
② ジニ係数（Gini coefficient）
③ 預金準備率（Deposit reserve ratio）
④ 公定歩合（Official discount rate）

問13　技術革新に関する記述として最も適当なものを，次の①〜④の中から一つ選びなさい。　　19

① 発電に利用される燃料は火力から原子力にシフトしており，G7の各国における原子力の比率は50％を越えている。
② 技術革新によりクレジットカードが広く普及する現象を「信用創造」と呼ぶ。
③ 近年発展が著しい人工知能はAIと呼ばれ，すでに生活の中で活用されている。
④ ケインズ（John Maynard Keynes）はその著書『経済発展の理論』においてイノベーションの重要性を説いた。

問14 マルタ（Malta）は地中海に浮かぶ島国で，古くから地中海交易で繁栄してきたが，その地理的特性から各国の争いに巻き込まれ，9世紀にアラブ人の侵攻を受けて以降，スペイン（Spain）やフランス，イギリスなど各国に支配されてきた歴史を持っている。近年では冷戦終結を告げるマルタ会談の舞台となり「ヤルタからマルタへ」として語られることも多い。マルタの位置として正しいものを，次の地図中の①〜④の中から一つ選びなさい。　20

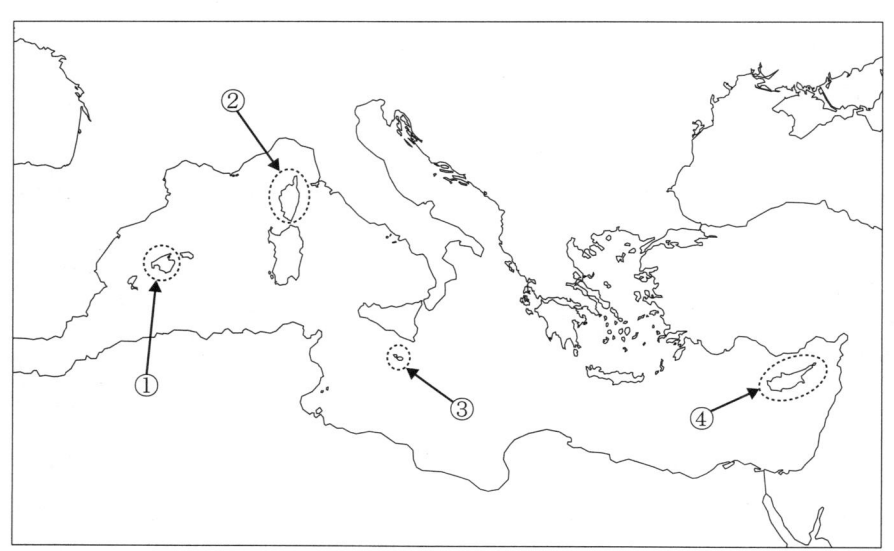

問15 産油国が構成している組織にOPECがある。OPECは主に中東（Middle East）やアフリカの国家で構成されているが，一部に南アメリカの加盟国を含む。この国家として最も適当なものを，次の①～④の中から一つ選びなさい。　21

① ブラジル
② コロンビア
③ ペルー（Peru）
④ ベネズエラ（Venezuela）

問16 次の地図上の①～④の都市はいずれも日本の中核市である。このうち，気温の年較差が最も大きい都市として最も適当なものを，下の①～④から選びなさい。　22

問17 世界の湖とその湖が位置する国の組み合わせとして最も適当なものを，次の①〜④の中から一つ選びなさい。　23

	湖	国名
①	ミシガン湖	カナダ
②	バイカル湖	ロシア
③	ビクトリア湖	エジプト
④	アラル海	トルコ

注）ミシガン湖（Lake Michigan），バイカル湖（Lake Baikal），ビクトリア湖（Lake Victoria），アラル海（Aral Sea），トルコ（Turkey）

問18 5月30日の午前7時30分に東京（東経135度）を飛び立った飛行機がサマータイム（Summer Time）期間中のニューヨーク（New York）（西経75度）に13時間のフライトで到着した場合，現地時間として正しいものを，次の①〜④の中から一つ選びなさい。　24

① 5月30日午前6時30分
② 5月30日午前7時30分
③ 5月31日午前10時30分
④ 5月31日午前11時30分

問19 中南米の諸国の公用語は旧植民地時代の宗主国の言語が色濃く反映されている。次の①〜④の国の中から，スペイン語（Spanish）が**公用語ではない国**を一つ選びなさい。　25

① キューバ（Cuba）
② パナマ（Panama）
③ コスタリカ（Costa Rica）
④ ジャマイカ（Jamaica）

問20 日本の国家機関に関する記述として最も適当なものを，次の①〜④の中から一つ選びなさい。 26

① 国会は「国権の最高機関」であり，「唯一の司法機関」とされている。
② 衆議院の総選挙は単純小選挙区制が採用されている。
③ 内閣不信任案が可決されたら，30日以内に内閣が総辞職をしない場合は衆議院解散をしなければならない。
④ 内閣は天皇の国事行為に助言と承認を行い，天皇の国事行為に責任を負う。

問21 大日本帝国時代の帝国議会に関する記述として最も適当なものを，次の①〜④の中から一つ選びなさい。 27

① 貴族院は身分の高い議員によって構成され，予算の決定に際しても衆議院に優先する権限を持っていた。
② 衆議院と貴族院の二院制であり，招集と解散権は総理大臣が持つ。
③ 1947年日本国憲法の施行をもって，戦後の三部会に移行した。
④ 女性議員の参政権は認められなかった。

問22 次の文章を読み，文章中の空欄 a ， b に当てはまる語として最も適当なものを，下の①〜④の中から一つ選びなさい。 28

　日本国憲法ではさまざまな基本的人権を保障している。例えば， a のように教育を受ける権利や生存権のような権利が規定されている。また，プライバシー権や b のように憲法には明示されていないものの，憲法上の人権として保障を受ける必要があると主張される権利，つまり新しい人権についての議論も活発になっている。

	a	b
①	社会権	環境権
②	社会権	労働権
③	自由権	環境権
④	自由権	労働権

問23 アメリカの政治制度の特徴として，各州が大きな権限を持つ連邦制や，大統領が元首と首脳を兼ねる大統領制が挙げられる。これに関して，アメリカにおける三権の最高機関の組み合わせとして正しいものを，次の①～④の中から一つ選びなさい。　29

	立法権	行政権	司法権
①	連邦最高裁判所	連邦議会	州最高裁判所
②	大統領	州議会	連邦最高裁判所
③	連邦議会	大統領	連邦最高裁判所
④	州最高裁判所	州政府	連邦議会

問24 2018年時点，国際連合（UN）には193の国が加盟している。このうち，2000年以前に独立を宣言し，国際連合に加盟している国として最も適当なものを，次の①～④の中から一つ選びなさい。　30

① 東ティモール（East Timor）
② ラトビア（Latvia）
③ 南スーダン（South Sudan）
④ モンテネグロ（Montenegro）

問25 世界の主要国が集うサミットとして毎年サミットが開催されているが，サミット参加国のうち，国連の安全保障理事会の常任理事国である国を，次の①～④の中から一つ選びなさい。　31

① 日本
② イタリア（Italy）
③ ドイツ（Germany）
④ フランス

問26　日本国憲法に定められている国民の義務として誤っているものを，次の①～④の中から一つ選びなさい。　32

① 勤労
② 教育
③ 兵役
④ 納税

問27　フランス人権宣言に関する記述として最も適当なものを，次の①～④の中から一つ選びなさい。　33

① フランス人権宣言は男女平等や外国人に対しても同様の権利を与えた。
② フランス人権宣言によって，直接民主制の形が規定された。
③ フランス人権宣言はマルクスの思想の影響を受けている。
④ フランス人権宣言によって，自由や所有権の保障が規定された。

注）フランス人権宣言（Declaration of the Rights of Man and of the Citizen），マルクス（Karl Marx）

問28　世界の普通選挙権に関する記述として最も適当なものを，次の①～④の中から一つ選びなさい。　34

① 日本では1920年代に25歳以上の男女に選挙権が与えられた。
② ワイマール憲法（Weimar Constitution）下のドイツで普通選挙が実施された。
③ ニュージーランド（New Zealand）では，第一次世界大戦後に女性参政権が始まった。
④ アメリカ合衆国では建国当初から普通選挙が実現されていた。

第8回　実戦問題

問29　アフリカ諸国は欧米列強によって植民地として支配されていた国が多くあった。その独立運動に関する記述として最も適当なものを，次の①〜④の中から一つ選びなさい。 35

① リビア（Libya）は第二次世界大戦直後にナセル（Gamal Abdel Nasser）の指導のもと，独立を獲得した。
② 1960年にナイジェリア（Nigeria），ソマリア（Somalia）など17カ国が独立し「アフリカの年」と呼ばれた。
③ ケニア（Kenya）は1970年代にフランスから独立を獲得した。
④ アフリカ諸国はその統一と連帯を促進するため，1963年にアフリカ連合（AU）を結成した。

問30　次の文章を読み，文章中の空欄 a ， b に当てはまる語の組み合わせとして最も適当なものを，次の①〜④の中から一つ選びなさい。 36

フランス革命が進展するにつれて a 派が実権を握るようになり，急進的な共和制が展開された。その中心となった人物が b であり， b が1793年憲法を制定し，封建地代の無条件無償廃止を実現するなどしたが，その過激な方針は支持を失い，テルミドールのクーデタ（Thermidorian Reaction）によって失脚した。

	a	b
①	ジロンド	ルイ16世
②	フィヤン	ロベスピエール
③	ジャコバン	ルイ16世
④	ジャコバン	ロベスピエール

注）ジロンド（Girondins），フィヤン（Feuillants），ジャコバン（Jacobins），ルイ16世（Louis XVI），ロベスピエール（Robespierre）

問31 次の文章を読み，文章中の空欄 a ， b に当てはまる語の組み合わせとして最も適当なものを，次の①～④の中から一つ選びなさい。 37

　アメリカの独立戦争が開始された翌年に a が著した『コモン・センス』(Common Sense)は独立派に大きな勇気を与えることになった。そして b が独立宣言を行い，その内容はフランス人権宣言に影響を与えた。

	a	b
①	トマス・ペイン	ベンジャミン・フランクリン
②	ルソー	トマス・ジェファーソン
③	トマス・ペイン	トマス・ジェファーソン
④	ルソー	ベンジャミン・フランクリン

　注）トマス・ペイン (Thomas Paine)，ルソー (Rousseau)，ベンジャミン・フランクリン (Benjamin Franklin)，トマス・ジェファーソン (Thomas Jefferson)

問32 第二次世界大戦後の日本と世界の経済に関するA〜Dの出来事を年代順に並び替えたものとして正しいものを，次の①〜④の中から一つ選びなさい。 38

A：ニクソンの声明によって米ドル紙幣と金との兌換一時停止が宣言され，日本経済にも大きな影響が及んだ。

B：タイに端を発したアジア通貨危機に対して，日本政府が国際機関やG7各国との協調やODAを通じて危機回避の支援を行った。

C：プラザ合意によって，レーガノミクスのなかで発生したアメリカの国際収支赤字とドルの独歩高を修正する目的で，各国が協調して為替レートを調整することとなった。

D：ドッジによって1ドル＝360円の単一レートが設定され，為替市場は固定相場制へと移行した。

① C→A→D→B
② D→A→C→B
③ A→D→C→B
④ D→B→A→C

注）ニクソン（Richard Milhous Nixon），プラザ合意（Plaza Accord），レーガノミクス（Reaganomics），タイ（Thailand），ドッジ（Joseph Morrell Dodge）

総合科目の問題はこれで終わりです。解答欄の 39 〜 60 はマークしないでください。

この問題冊子を持ち帰ることはできません。

第 **9** 回

実戦問題
解答時間 80 分

正解と得点分布図確認

QRコードを読み取ってオンライン解答用紙に解答を記入し、正解と得点分布を確認してください。

問 1 次の文章を読み，下の問い(1)～(4)に答えなさい。

　2017年のノーベル平和賞（Nobel Peace Prize）は核廃絶キャンペーン（ICAN）が受賞し，その授賞式では第二次世界大戦で₁広島で被爆したサーロー節子（Setsuko Thurlow）さんが演説をした。第二次世界大戦以降の核兵器を巡る世界の政情不安の歴史を振り返ると₂1962年に米ソが本格的な核戦争の危機を迎えたのち，世界は徐々に₃核軍縮への道を歩んでいった。しかし，依然として₄北朝鮮(North Korea)が核開発を進めるなど核兵器廃絶への道は多難である。

(1)　下線部 **1** に関して，広島以外に第二次世界大戦で原爆が落とされた都市の正しい位置を，次の①～④の中から一つ選びなさい。　　　　　　　　　　　　　　　　　　　　　　　　1

第9回　実戦問題

(2) 下線部 2 に関して，ソ連 (USSR) のミサイル配備を巡って両国が対立した出来事として正しいものを，次の①～④の中から一つ選びなさい。　2

① キューバ危機（Cuban Missile Crisis）
② アフガニスタン侵攻（Soviet-Afghan War）
③ プラハの春（Prague Spring）
④ ベルリン封鎖（Berlin Blockade）

(3) 下線部 3 に関して，様々な国際条約が結ばれて世界の核軍縮の動きが進んでいった。次のA～Dの条約が結ばれた時期を年代順に並べたものとして正しいものを，下の①～④の中から一つ選びなさい。　3

A：核拡散防止条約（NPT）
B：包括的核実験禁止条約（CTBT）
C：部分的核実験停止条約（PTBT）
D：戦略核兵器削減条約（START）

① C→B→D→A
② C→A→D→B
③ A→C→B→D
④ C→D→B→A

(4) 下線部 4 に関して，北朝鮮は2019年現在も韓国（South Korea）と法律上は交戦状態が続いており，一時的な休戦状態となっている。その休戦ラインとして正しいものを，次の①～④の中から一つ選びなさい。　4

① 西経38度線
② 東経38度線
③ 北緯38度線
④ 南緯38度線

問2　次の文章を読み，下の問い⑴〜⑷に答えなさい。

　日本では平成31年（2019年）4月に約200年ぶりに天皇が生前退位した。世界では日本以外でも₁王室を持つ国家があるが，国によってその位置付けは様々である。その一つが₂イギリス(UK)であるが，₃イギリス連邦(Commonwealth of Nations)の加盟国の一部の国家は自らの意思でイギリス国王を自国の国王としている。また一度王室が廃止されたものの，1975年に a による独裁政権に代わって王政復古が行われた₄スペイン(Spain)のような国も存在する。

⑴　下線部1に関して，**君主を持たない**東南アジアの国として正しいものを，次の①〜④の中から一つ選びなさい。　5

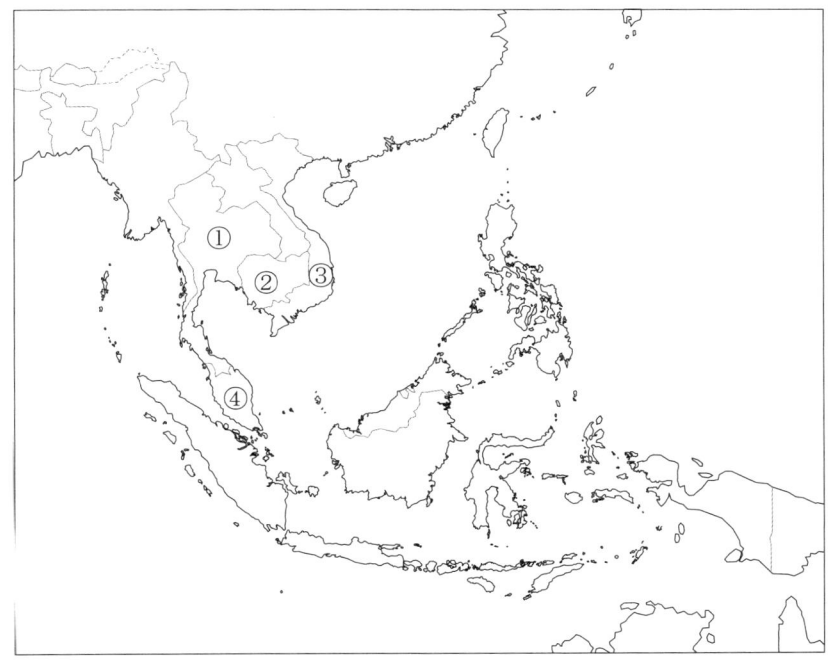

第9回　実戦問題

(2) 下線部2に関して，イギリスのように国王が国家元首として統治するものの，その権力が憲法によって規制されている政体として正しいものを，次の①～④の中から一つ選びなさい。

6

① 共和制
② 大統領制
③ 議院内閣制
④ 立憲君主制

(3) 下線部3に関して，イギリス連邦の国家として**正しくないもの**を，次の①～④の中から一つ選びなさい。

7

① ケニア（Kenya）
② ナイジェリア（Nigeria）
③ コートジボワール（Ivory Coast）
④ 南アフリカ（South Africa）

(4) a に当てはまる人名として正しいものを，次の①～④の中から一つ選びなさい。

8

① フランコ（Francisco Franco）
② サラザール（António de Oliveira Salazar）
③ ファン・カルロスⅠ世（Juan Carlos I）
④ ゴンザレス（González）

問3　近年，ビットコイン（Bitcoin）などの仮想通貨の流通量が飛躍的に増加しているが，仮想通貨は従来の通貨のように国家が主体として発行しているものではない。では，国家が通常の通貨を発行する際の機関として正しいものを，次の①〜④の中から一つ選びなさい。　9

① 市中銀行
② 中央銀行
③ 財政担当の行政機関
④ 地方自治体

問4　市場メカニズムの本来の機能に関する記述として最も適当なものを，次の①〜④の中から一つ選びなさい。　10

① その地域が題材にされたアニメが放映され，その地を訪れる観光客数が増加した。
② 駅が建設されたことにより，人口が集中し，住環境が悪化した。
③ 外国人観光客が増加し，その受け入れに対応するため，宿泊の規制を緩和するように法律が改正された。
④ バスの料金を安くすることで都市交通の渋滞を解消することができる。

問5　例えば，ある国の生産活動において麦の生産農家が100万円の小麦を生産し，その麦を買った製粉業者が150万円の小麦粉を生産した。パン業者がこの小麦粉を購入して200万円分のパンを製造し，消費者に販売した場合の国内総生産（GDP）の値として正しいものを，次の①〜④の中から一つ選びなさい。　11

① 50万円
② 100万円
③ 200万円
④ 450万円

問6　ケインズ経済学の特徴に関する記述として最も適当なものを，次の①〜④の中から一つ選びなさい。　12

① 政府の積極的な財政・金融政策の必要性を主張した。
② 需要・供給曲線で「神の見えざる手」を可視化し，小さな政府を主張した。
③ 比較生産費説に基づき，世界恐慌には資産の国有化を主張した。
④ 国家が経済に介入しないことが望ましいと主張した。

注）ケインズ（John Maynard Keynes）

問7　次の文章を読み，文章中の空欄　a　，　b　に当てはまる語の組み合わせとして最も適当なものを，下の①〜④の中から一つ選びなさい。　13

政府が景気や物価の安定を図る際，景気が過熱し　a　が発生する懸念が生じる際には　b　，景気が冷え込んでいる際には逆のオペレーションを実施する。

	a	b
①	インフレーション	買いオペレーションを実施して資金を供給し
②	インフレーション	売りオペレーションを実施して資金を回収し
③	デフレーション	売りオペレーションを実施して資金を回収し
④	デフレーション	買いオペレーションを実施して資金を供給し

問8　価格弾力性に関する記述として最も適当なものを，次の①〜④の中から一つ選びなさい。　14

① 4%の価格変化に対して，2%の需要変化が発生した場合の需要の価格弾力性は2となる。
② 通常，大量生産可能な工業製品の価格弾力性は高く，大量生産できない農業製品などは供給の価格弾力性が低いと言われる。
③ 需要の価格弾力性が高ければ高いほど，価格競争になりにくい商品であるといえる。
④ 需要の価格弾力性は景気が悪化すると低下する傾向にある。

問9　市場経済の問題点として，寡占や独占といった問題が生じることが挙げられる。寡占や独占によって生じる問題点として**適当でないもの**を，次の①～④の中から一つ選びなさい。

15

① 価格は企業によって決められ，消費者にとって不利な価格で固定されてしまう。
② 企業同士の競争が減少し，商品の品質が低下する。
③ 独占市場が生まれると，独占企業は製品の生産量を抑えることでその価格を不当につり上げてしまう。
④ 市場における企業数が減少するため，いかなる産業においても結局1企業のみが生き残る独占になってしまう。

問10　国際社会にはさまざまな関税同盟が存在している。関税同盟は，経済統合の一形態として，加盟国の経済発展に大きく貢献している。関税同盟である南米共同市場（MERCOSUR）の加盟国として**誤っているもの**を，次の①～④の中から一つ選びなさい。

16

① マダガスカル（Madagascar）
② ブラジル（Brazil）
③ パラグアイ（Paraguay）
④ ウルグアイ（Uruguay）

問11　市場経済では需要と供給の均衡により，安定した経済が実現すると考えられているが，一方でそれが社会的に望ましくない事態を引き起こす「市場の失敗」が起きることがある。その例として**適当でないもの**を，次の①～④の中から一つ選びなさい。

17

① 中古車市場では，買い手が商品の質を知ることが困難であるため，結果として良質な商品が流通しなくなってしまう。
② 工場が建設され，廃液によって近隣の海が汚染されて漁獲量が減少した。
③ 独占市場が生まれると，独占企業は製品の生産量を抑えることでその価格を不当につり上げてしまう。
④ 電子機器などの技術革新の早い産業分野では，企業の入れ替わりが激しく，参入する企業の数が減少する。

問12 1970年代の日本で発生した不況と物価の上昇が同時に生じる現象を指す言葉として正しいものを，次の①〜④の中から一つ選びなさい。 18

① インフレーション
② デフレーション
③ スタグフレーション
④ デノミネーション

問13 次のグラフは，1999年から2017年にかけての各国の自動車生産台数の推移を示したものである。グラフ中のA〜Dに当てはまる国名の組み合わせとして正しいものを，下の①〜④の中から一つ選びなさい。 19

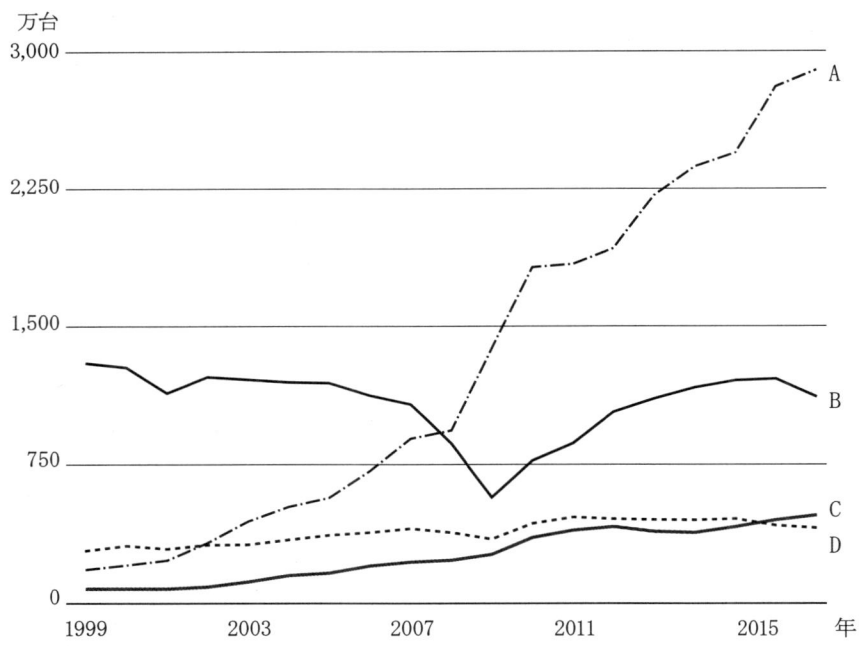

国際自動車工業連合会資料より作成

	A	B	C	D
①	中国	アメリカ	インド	韓国
②	中国	韓国	アメリカ	インド
③	韓国	アメリカ	インド	中国
④	韓国	インド	アメリカ	中国

注）中国（China），アメリカ（USA），インド（India）

問14 世界各地で行われている農業はやり方によっては環境破壊に直結する。中央アジア（Central Asia）において過剰な灌漑により縮小が進んだことが大きな環境問題となっている湖の位置として正しいものを，次の①〜④の中から一つ選びなさい。 20

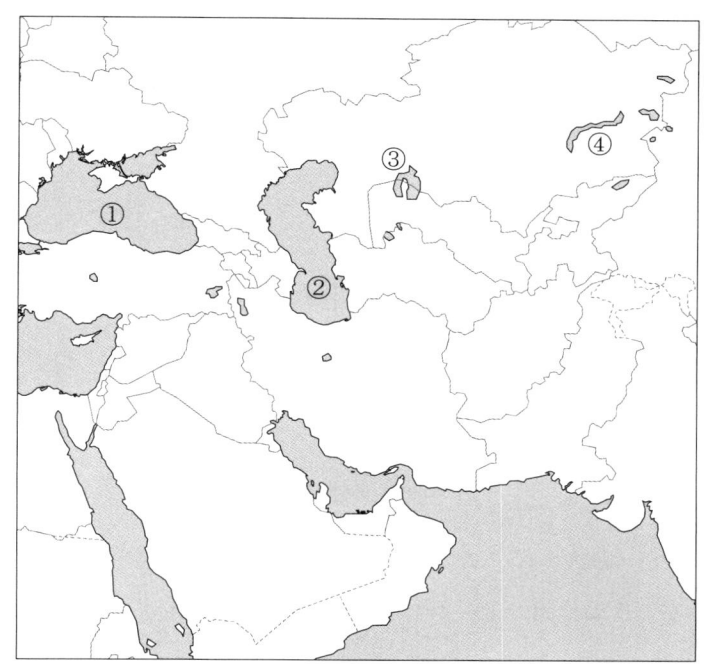

問15 イタリア（Italy）では初夏にアフリカ（Africa）から地中海を超えて熱風が吹いてくることがある。この季節風の名前として正しいものを，次の①〜④の中から一つ選びなさい。 21

① 貿易風
② フェーン（Foehn）
③ シロッコ（Sirocco）
④ 偏西風

問16 次の文章を読み，文章中の空欄 a ， b に当てはまる語の組み合わせとして最も適当なものを，下の①〜④の中から一つ選びなさい。　22

　日本の地形の大きな特徴として，東北日本と西南日本を分断する a と呼ばれる大地溝帯が走っていることが挙げられる。これは日本列島が四つのプレートの境界付近に位置するためであり，結果として，日本は世界でも有数の地震発生国となっている。2011年に発生した東日本大震災は b プレートと北アメリカプレートが衝突したことが原因で発生した。

	a	b
①	中央構造線	フィリピン海
②	中央構造線	太平洋
③	フォッサマグナ	フィリピン海
④	フォッサマグナ	太平洋

注）フィリピン海（Philippine Sea），フォッサマグナ（Fossa magna）

問17 エジプト（Egypt）最大の都市カイロ（Cairo）を通る緯線が日本列島を通過する位置として最も適当なものを，次の地図の①〜④の中から一つ選びなさい。　23

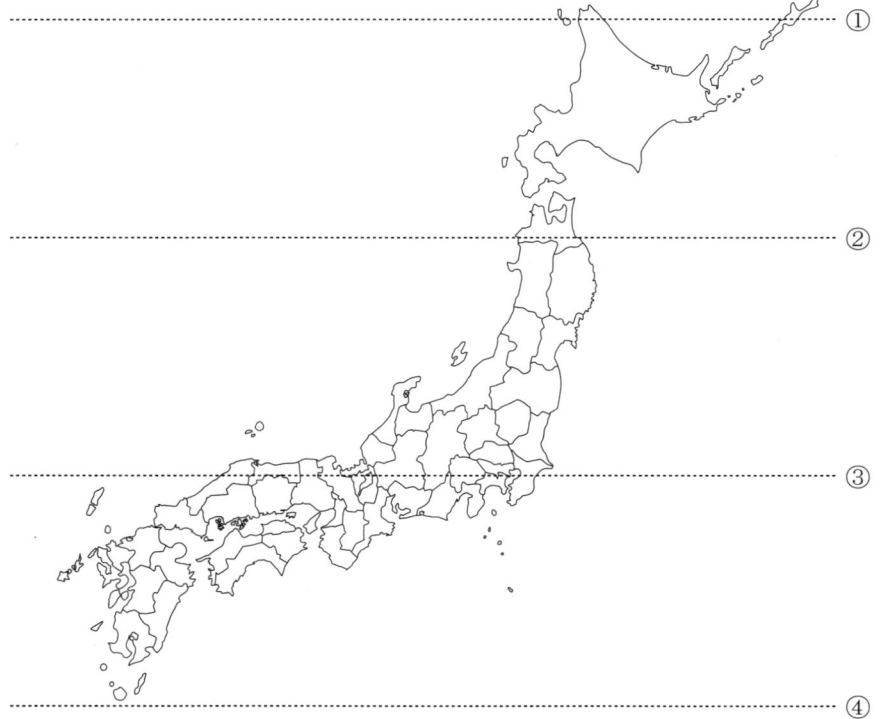

問18 次のグラフは，各国の2002年～2014年までの医療費総額の推移を表したものである。グラフ中のA～Dに当てはまる国名の組み合わせとして正しいものを，下の①～④の中から一つ選びなさい。

24

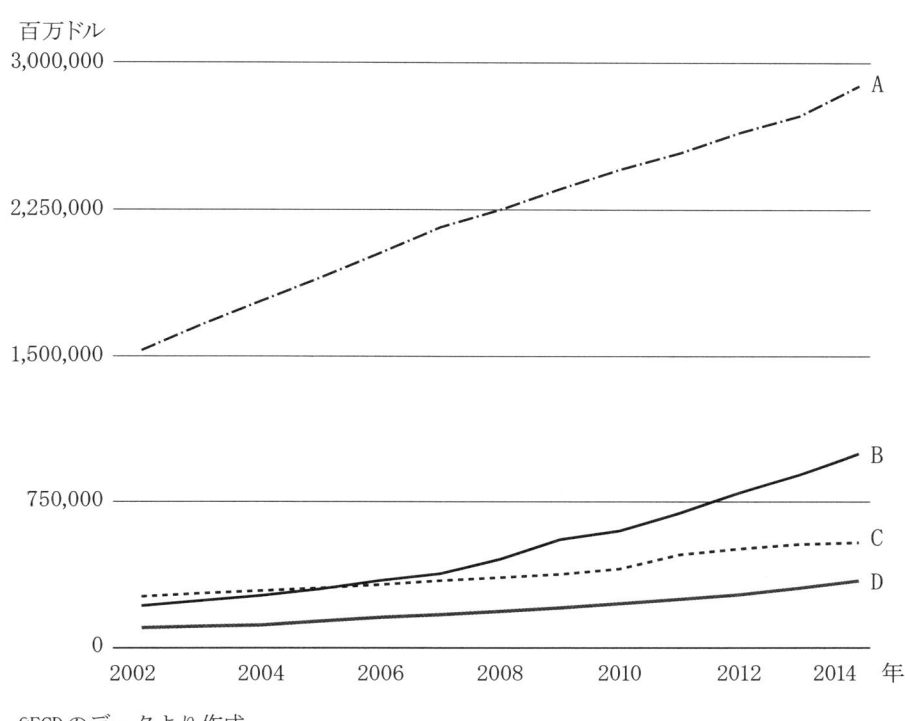

OECDのデータより作成

	A	B	C	D
①	インド	日本	中国	アメリカ
②	アメリカ	中国	日本	インド
③	中国	インド	アメリカ	日本
④	日本	アメリカ	インド	中国

注）インド（India）

第9回　実戦問題

問19 アフリカ諸国に関する記述として最も適当なものを，次の①～④の中から一つ選びなさい。

25

① エチオピア(Ethiopia)は第一次世界大戦が終結するまでイタリア(Italy)の植民地であった。

② コートジボワールではテンサイ（Sugar beet）が主な輸出産品となっている。

③ ケニアではツチ族(Tutsi)とフツ族(Hutu)による内戦が長く続き，国力が疲弊している。

④ 南アフリカはアパルトヘイト(Apartheid)と呼ばれる人種隔離政策が展開されていたが，マンデラ大統領(Mandela)の就任により，撤廃された。

問20 次の文章を読み，文章中の空欄 a ， b に当てはまる語の組み合わせとして最も適当なものを，下の①～④の中から一つ選びなさい。

26

権力を立法権，司法権，執行権の三権に分立させることを主張し今日の三権分立の基礎を作ったのは『法の精神』を著した a であり，その a やアメリカ独立宣言の影響を受けた b では第16条において，近代国家には権力分立が必要であることが明記された。

	a	b
①	ルソー	フランス人権宣言
②	ルソー	バージニア権利章典
③	モンテスキュー	フランス人権宣言
④	モンテスキュー	バージニア権利章典

注）ルソー (Rousseau), フランス人権宣言 (Declaration of the Rights of Man and of the Citizen), バージニア権利章典 (Virginia Bill of Rights), モンテスキュー (Montesquieu)

問21 日本の天皇制に関する記述として最も適当なものを，次の①～④の中から一つ選びなさい。

27

① 憲法において天皇は「象徴」であると同時に「国家元首」であると明確に規定されている。

② 天皇は憲法に定める国事行為のみを行うものとされており，それにはすべて内閣の助言と承認を必要として，責任は内閣が負うものとされている。

③ 天皇も一般の国民と同じように選挙権や被選挙権を有している。

④ 現在の日本においては皇室典範が改正され，女性がその地位に就くことができるようになった。

問22 次の文章を読み，文章中の空欄 a ， b に当てはまる語として最も適当なものを，下の①～④の中から一つ選びなさい。 28

　日本における憲法改正のための手続きは以下の通りである。国会の衆参両院の総議員のそれぞれ a 以上の賛成をもって，国会での発議がされる。その後，国民投票において国民の b の2分の1以上の賛成があった場合，国民による承認があったとされ，天皇が国民の名において公布し，憲法が改正される。

	a	b
①	2分の1	投票総数
②	2分の1	有権者
③	3分の2	投票総数
④	3分の2	有権者

問23 次の文章を読み，文章中の空欄 a ， b に当てはまる語の組み合わせとして最も適当なものを，次の①～④の中から一つ選びなさい。 29

　日本における三権は，立法権を a が有しており，行政権を b が有し，司法権を裁判所が有するという形で分立されている。この三者が相互に監視することで，バランスを取る仕組みとされている。

	a	b
①	国会	内閣
②	国会	省庁
③	法務省	内閣
④	法務省	省庁

問24 日本の衆議院と参議院の関係に関する記述として最も適当なものを、次の①～④の中から一つ選びなさい。 30

① 解散があるのは衆議院のみである。
② 両院ともに選挙は小選挙区比例代表並立制で実施される。
③ 予算案の承認については参議院が優越する。
④ 両院ともに定数は480名である。

問25 次の文章を読み、文章中の空欄 a ， b に当てはまる語の組み合わせとして最も適当なものを、下の①～④の中から一つ選びなさい。 31

人類は環境保護への取り組みを進めてきた。例えば1971年には a 条約が水鳥の生息地である湿地帯を守るために制定された。1973年には野生動植物が国際取引によって過度に利用されるのを防ぐため、国際協力によって種を保護する b 条約が採択された。

	a	b
①	ワシントン	ストックホルム
②	ラムサール	ワシントン
③	ラムサール	ストックホルム
④	ストックホルム	ワシントン

注）ワシントン (Washington), ストックホルム (Stockholm), ラムサール (Ramsar)

問26 2000年以降の日本の政治体制に関する記述として最も適当なものを，次の①〜④の中から一つ選びなさい。 32

① 共産党内閣は1993年の細川内閣以来15年ぶりの非自民党政権として，2010年に発足した。
② 東日本大震災に直面した橋本龍太郎政権はこれを機に自衛隊の運用を機動的なものにすべく，自衛隊に大きな権限を与えるようになった。
③ 池田勇人内閣は公共事業投資を強化し，市中に流通する資金量を増加させ，不況からの脱出を試みた。
④ 第二次安倍政権では「大胆な金融政策」，「機動的な財政政策」，「成長戦略」の3つを軸とした，「アベノミクス」を経済政策として掲げている。

問27 次の文章を読み，文章中の空欄 a ， b に当てはまる語の組み合わせとして最も適当なものを，次の①〜④から一つ選びなさい。 33

国際連盟は第一次世界大戦後，1919年 a 講和会議で規約が作成され，1920年に原加盟国42カ国で発足した。しかし，全会一致の採決方式や，提案国であった b が結局未加盟のまま解散するなどの課題があったため，有効に機能しなかった。

	a	b
①	ウィーン	アメリカ
②	ウィーン	イギリス
③	パリ	アメリカ
④	パリ	イギリス

注）ウィーン (Vienna)，パリ (Paris)

第9回　実戦問題

問28 次の文章を読み，文章中の空欄 a ， b に当てはまる語の組み合わせとして最も適当なものを，次の①〜④の中から一つ選びなさい。　34

　三角貿易はイギリスが中心となって， a のアヘンと，中国の茶を結びつけるものであった。イギリスと中国の当初の貿易は，中国産の茶をイギリスが b で支払うという，イギリスにとっての輸入超過状態であった。そこでイギリスは a と同じように綿織物を中国に輸出しようとしたが，競争力がなかったため，イギリスは a 産のアヘンを中国に輸出し，中国からは大量の b が流出し，アヘン戦争（First Opium War）のきっかけとなった。

	a	b
①	エジプト	金
②	インド	金
③	エジプト	銀
④	インド	銀

問29 1960年代のアメリカに関する記述として最も適当なものを，次の①〜④の中から一つ選びなさい。　35

① キング牧師の主導によって公民権運動が展開され，公民権法が成立した。
② マッカーシズムという反共産主義に基づく政治的運動が発生した。
③ キューバ危機が発生し，東西陣営の緊張が高まったが，ニクソン大統領とブレジネフ書記長との間で会談が行われ，危機は回避された。
④ ベトナム戦争が泥沼化し，ジョンソン大統領がベトナムからのアメリカ軍の撤退を決定した。

注）キング牧師（Martin Luther King, Jr），マッカーシズム（McCarthyism），ニクソン（Richard Milhous Nixon），ブレジネフ（Brezhnev），ベトナム戦争（Vietnam War），ジョンソン（Lyndon Baines Johnson）

問30　第一次世界大戦後の戦間期（1919年～1939年）に関する記述として最も適当なものを，次の①～④の中から一つ選びなさい。　36

① アメリカは世界恐慌から脱出するため，F・ルーズベルト大統領がニューディール政策を実行した。
② 日本は一貫して好景気であり，経済成長をもとにアジア諸国への支配を拡大した。
③ ドイツはワイマール憲法を制定し，国王の権力を制限して立憲国家を作った。
④ フランスは賠償金滞納を理由として，敗戦国ドイツに対しベルリン占領を行った。

注）F・ルーズベルト（Franklin Delano Roosevelt），ニューディール政策（New Deal），ドイツ（Germany），ワイマール憲法（Weimar Constitution），フランス（France），ベルリン（Berlin）

問31　第二次世界大戦以降，アフリカの諸国が相次いで独立した。ニジェール（Niger），マリ（Mali），カメルーン（Cameroon）の旧宗主国として正しい国を，次の①～④の中から一つ選びなさい。　37

① フランス
② ベルギー（Belgium）
③ イギリス
④ イタリア

問32 1990年以降に生じた世界経済におけるA～Dの出来事を年代順に並び替えたものとして正しいものを，次の①～④の中から一つ選びなさい。 38

A：アジア通貨危機
B：リーマンショック
C：バブル崩壊
D：イギリスのEU離脱の決定

① C→A→D→B
② C→A→B→D
③ A→B→C→D
④ C→B→A→D

第10回

実戦問題
解答時間 80分

正解と得点分布図確認

QRコードを読み取ってオンライン解答用紙に解答を記入し、正解と得点分布を確認してください。

問1　次の先生と生徒の会話を読み，下の問い(1)〜(4)に答えなさい。

先生：太平洋にキリバス（Kiribati）という国があるのは知っているかい？

生徒：ニュースで聞いたことはあります。確か₁地球温暖化の影響で水没の危機にあるとか…。

先生：そうだね。多くの小さな島からなる国なので，海面が上昇すると大きな影響を受けるんだ。

生徒：なるほど。それ以外に特徴はあるのですか？

先生：他の特徴としては多くの島でなりたっているから，意外にも世界第三位の₂ a を誇っているんだ。あとは，ちょうど経度180度線が国土を通過しているんだ。

生徒：そうすると日付変更線が国土をまたいでいるんですか？

先生：さすがに国の中で日付が違うと困るので日付変更線は₃キリバスの国土にあわせて曲がっているよ。あとは₄核実験の場所にもされてきたんだ。

生徒：なんだか複雑な気持ちになりますね…。

第10回　実戦問題

(1) 下線部**1**に関して，次のグラフは，日本，中国，アメリカ，インドの一人あたりの二酸化炭素（CO_2）排出量を表したものである。グラフ中のA〜Dに当てはまる国名の組み合わせとして最も適当なものを，下の①〜④の中から一つ選びなさい。　　1

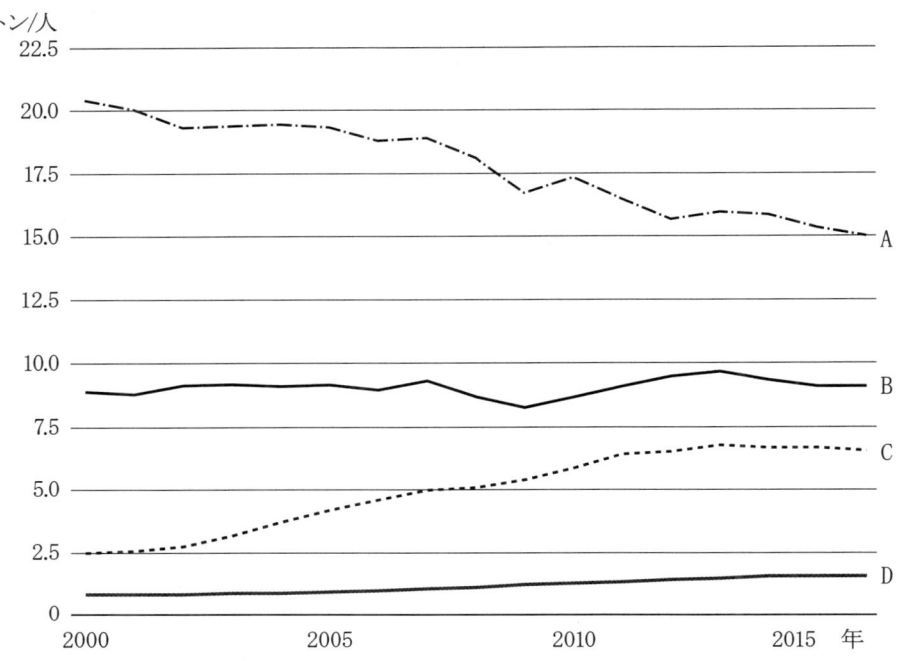

	A	B	C	D
①	アメリカ	日本	中国	インド
②	中国	アメリカ	日本	インド
③	アメリカ	中国	インド	日本
④	中国	アメリカ	インド	日本

注）中国（China），アメリカ（USA），インド（India）

(2) 下線部**2**に関して，　a　に当てはまる語として最も適当なものを，次の①〜④の中から一つ選びなさい。　　2

① 排他的経済水域

② 造船竣工量

③ ロケット発射場数

④ 国際観光客到着数

(3) 下線部**3**に関して，キリバスが存在する海域の位置として最も適当なものを，次の地図中の①～④の中から一つ選びなさい。　**3**

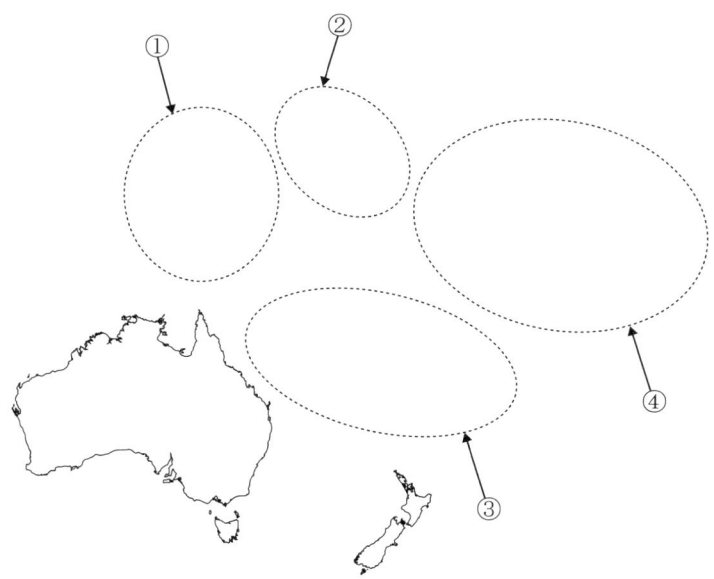

(4) 下線部**4**に関して，次の文章を読み，文章中の空欄 a ， b に当てはまる語の組み合わせとして最も適当なものを，下の①～④の中から一つ選びなさい。　**4**

　第二次大戦後の冷戦期間中，東西陣営は対立しながらも，核軍縮の動きを進めた。そして1982年から始まった戦略兵器削減交渉（START）の結果，1987年には a を締結し，核兵器の削減に対して大きな一歩が記された。また日本も被爆国として，1960年代後半から b 内閣のもと，「もたず，つくらず，もちこませず」の非核三原則を表明し，核兵器廃絶への取り組みを続けている。

	a	b
①	INF（中距離核戦力全廃条約）	佐藤栄作
②	INF（中距離核戦力全廃条約）	池田勇人
③	CTBT（包括的核実験禁止条約）	佐藤栄作
④	CTBT（包括的核実験禁止条約）	池田勇人

第10回 実戦問題

問2 次の文章を読み，下の問い(1)～(4)に答えなさい。

2019年現在，南米の₁ベネズエラ(Venezuela)を出発した難民が徒歩でアメリカ合衆国を目指して行進しており，各地で現地政府と摩擦が生まれている。ベネズエラは長く₂スペイン(Spain)植民地であった。独立前はカカオ，独立後はコーヒーを中心とした₃単一農産品の輸出が経済の主力であったが，20世紀初頭に油田が発見され，一気に₄経済的な繁栄がもたらされた。しかし，近年は原油価格の下落や経済政策の失敗により，極端なインフレーションが発生し経済が極度に混乱した結果，多くの難民を生む状態になっている。

(1) 下線部1に関して，ベネズエラの位置として正しいものを，次の地図中の①～④の中から一つ選びなさい。　5

― 214 ―

(2) 下線部 2 に関して，南米大陸の諸国の中で，スペインの植民地ではなかった国として最も適当なものを，次の①〜④の中から一つ選びなさい。　6

① アルゼンチン（Argentina）
② コロンビア（Colombia）
③ ブラジル（Brazil）
④ チリ（Chile）

(3) 下線部 3 に関して，このような経済体制を表す言葉として最も適当なものを，次の①〜④の中から一つ選びなさい。　7

① 開発独裁
② 加工貿易
③ プランテーション
④ モノカルチャー

(4) 下線部 4 に関して，現在ベネズエラが加盟していない経済や貿易に関する協定・国際機構として最も適当なものを，次の①〜④の中から一つ選びなさい。　8

① MERCOSUR
② APEC
③ OPEC
④ WTO

第10回 実戦問題

問3 ある自動車の均衡価格が次の図のAの方向に動いた場合に考えられる要因として最も適当なものを，下の①〜④の中から一つ選びなさい。 9

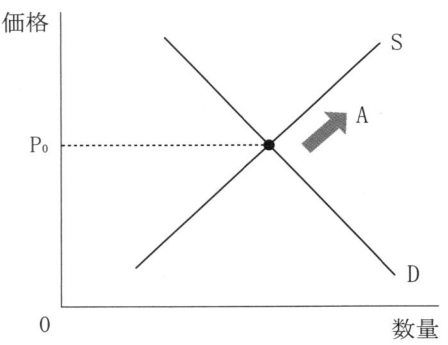

① 技術革新が進み，1台あたりの製造コストが大きく下がった。
② 公共交通機関が発達し，自動車を利用する機会が減少した。
③ ライバルとなる車種の自動車が海外から安価に輸入されるようになった。
④ 中古車市場の規制が強くなり，中古車の取引量が少なくなった。

問4 通貨の異なる国同士の物価を比較するための方法として購買力平価がある。アメリカ合衆国の購買力平価レートが日本を100とした時に120であり，為替相場が1ドル＝80円だった時，日本で1200円で販売されているTシャツの，アメリカでの販売価格（Tシャツは全く同じものとする）として最も適当なものを，次の①〜④の中から一つ選びなさい。 10

① 12.5ドル
② 15ドル
③ 18ドル
④ 20ドル

問5　次の図は，A国とB国のワインと毛織物1単位に必要な労働力を表したものである。A国とB国の労働者の数が同じで，労働力はすべてワインと毛織物の生産に使われるとした時，比較生産費説に基づく記述として最も適当なものを，下の①～④の中から一つ選びなさい。

	A国	B国
ワイン	80人	140人
毛織物	90人	100人

① A国は毛織物に関して比較優位を有しているため毛織物生産に特化すべきである。
② A国はワインと毛織物の両方でB国に対して絶対優位を有しているため，両製品の生産に注力すべきである。
③ A国はワインの生産に，B国は毛織物の生産に特化した際に生産量は最大になる。
④ B国はワインの生産性が高いため，ワインの生産に特化すべきである。

問6　次のグラフは，1980年から2016年までの日本の対ドル為替レートを表したものである。このグラフに関する記述として最も適当なものを，下の①〜④の中から一つ選びなさい。

12

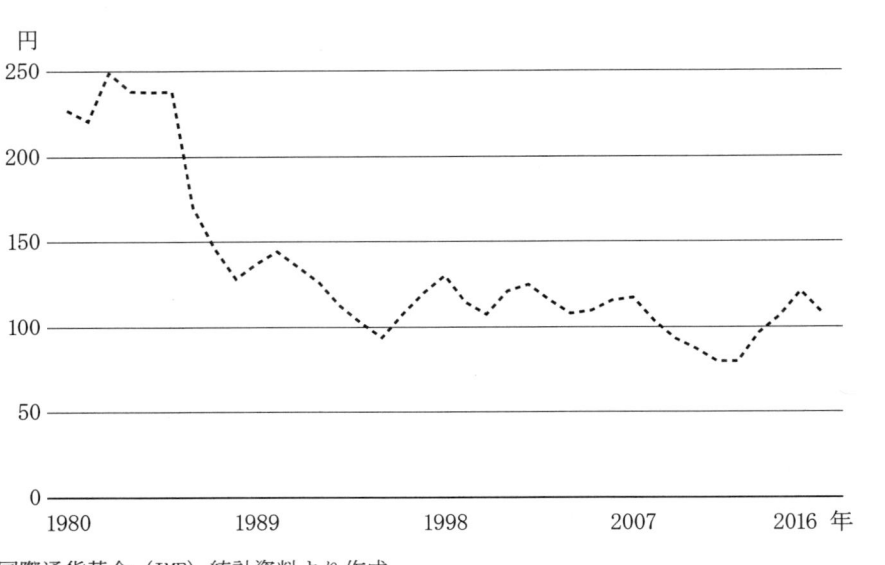

国際通貨基金（IMF）統計資料より作成

① 1985年頃から急激に円高が進行したきっかけは，プラザ合意である。

② 1990年代前半の円高傾向は，神武景気によって日本経済が急速に成長し，対米輸出が増加したためである。

③ 2000年代後半に円高傾向となった原因は，ルーブル合意である。

④ 2010年代半ばからの円安傾向となった原因は，アジア通貨危機である。

問7　次の表は，ある国の国際収支を表したものである。表の空欄 a ， b に当てはまる語，数字の組み合わせとして最も適当なものを，下の①～④の中から一つ選びなさい。 13

	貿易・サービス収支	-100
a	第一次所得収支	120
	第二次所得収支	b
資本移転等収支	-10	
金融収支	150	
誤差脱漏	10	

	a	b
①	外貨準備増減	-170
②	外貨準備増減	130
③	経常収支	-170
④	経常収支	130

問8　日々行われているさまざまな経済活動によって生じる金銭のうち，国民所得に含まれるものとして最も適当なものを，次の①～④の中から一つ選びなさい。 14

① 株式取引による売却益
② 災害復興のボランティア活動
③ 持ち家の家賃相当分
④ 主婦が行った家事の相当額

第10回 実戦問題

問9 次のグラフは、日本、中国、韓国、アメリカの通信機器産業の付加価値額の推移を表したものである。グラフ中のA〜Dに当てはまる国名の組み合わせとして最も適当なものを、下の①〜④の中から一つ選びなさい。　15

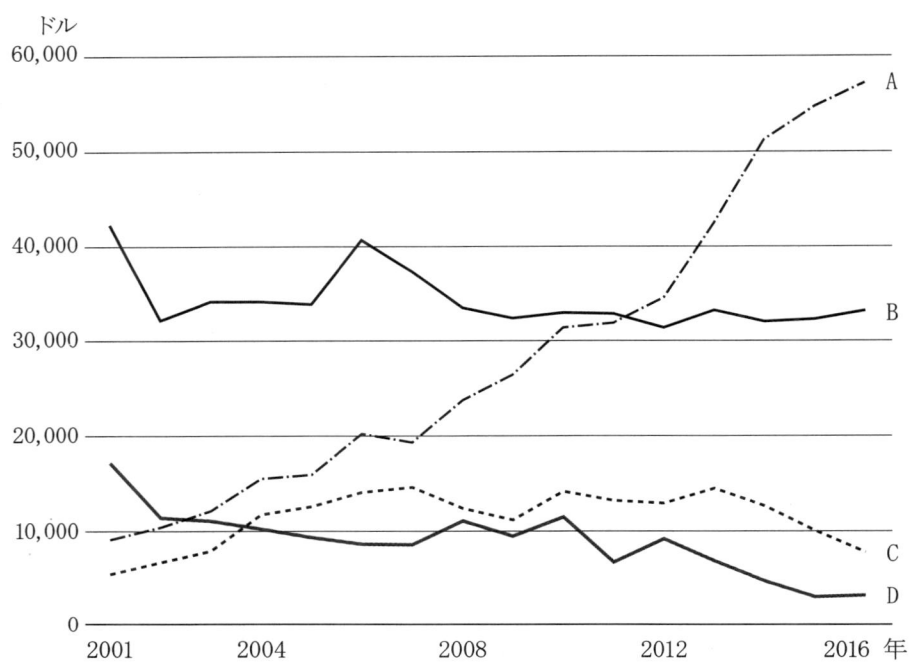

アメリカ国立科学財団（NSF）資料より作成

	A	B	C	D
①	中国	韓国	日本	アメリカ
②	韓国	中国	アメリカ	日本
③	中国	アメリカ	韓国	日本
④	韓国	アメリカ	中国	日本

注）韓国（South Korea）

問10 外部不経済の問題が顕在化した例として公害が挙げられる。日本の公害に関する記述として最も適当なものを，次の①〜④の中から一つ選びなさい。 16

① 日本では1990年代に環境基本法が制定され，公害を含む環境問題全般に対応する法律となった。
② イタイイタイ病は熊本県で初めて発生し，日本の公害が社会問題となるきっかけとなった。
③ 日本の省庁の中では，厚生労働省のみが公害問題に対応している。
④ 日本は第二次世界大戦前までは大きな公害問題は発生していなかった。

問11 日本の労働環境に関する記述として最も適当なものを，次の①〜④の中から一つ選びなさい。 17

① 日本では労働者の半分以上がアルバイトや派遣労働などの非正規雇用となっている。
② 労働三権として労働者に団結権，団体交渉権，団体行動権が認められている。
③ 日本では出産した女性には育児休暇の取得が認められているが，男性に対しては取得が認められていない。
④ 男女雇用機会均等法によって企業は役員の一定割合以上を女性にすることが義務付けられている。

第10回 実戦問題

問12 次の表は，アメリカ，中国，シンガポール，イギリスの2017年の日本からの輸入額，日本への輸出額，貿易依存度を表したものである。表中のA〜Dに当てはまる国名の組み合わせとして最も適当なものを，下の①〜④の中から一つ選びなさい。 18

	日本からの輸入額 （百万USドル）	日本への輸出額 （百万USドル）	貿易依存度 （％）
A	134,595	72,038	20.1
B	13,710	7,061	40.3
C	8,517	22,611	228.3
D	132,651	329,544	32.9

日本貿易振興機構（JETRO）資料より作成

	A	B	C	D
①	アメリカ	イギリス	シンガポール	中国
②	イギリス	シンガポール	中国	アメリカ
③	中国	イギリス	シンガポール	アメリカ
④	中国	シンガポール	イギリス	アメリカ

注）シンガポール（Singapore），イギリス（United Kingdom）

問13 次の表は，経済学者とその著書を表したものである。その組み合わせとして最も適当なものを，下の①〜④の中から一つ選びなさい。 19

	経済学者	著書
①	シュンペーター	『人口論』
②	アダム・スミス	『経済表』
③	マルサス	『国富論』
④	ミル	『経済学原理』

注）シュンペーター（Joseph Alois Schumpeter），アダム・スミス（Adam Smith），マルサス（Thomas Robert Malthus），ミル（John Stuart Mill），『人口論』（An Essay on the Principle of Population），『経済表』（Tableau économique），『国富論』（An Inquiry into the Nature and Causes of the Wealth of Nations），『経済学原理』（Principles of Political Economy, with some of their applications to social philosophy）

問14 次の地図上において、ロンドンの対蹠点を表したものとして最も適当なものを、下の①〜④の中から一つ選びなさい。 20

① ② ③ ④

注）ロンドン（London）

問15 次の地図は，北アメリカ大陸と南アメリカ大陸を示したものである。両者の位置関係を表した図として正しいものを，下の①〜④の中から一つ選びなさい。 21

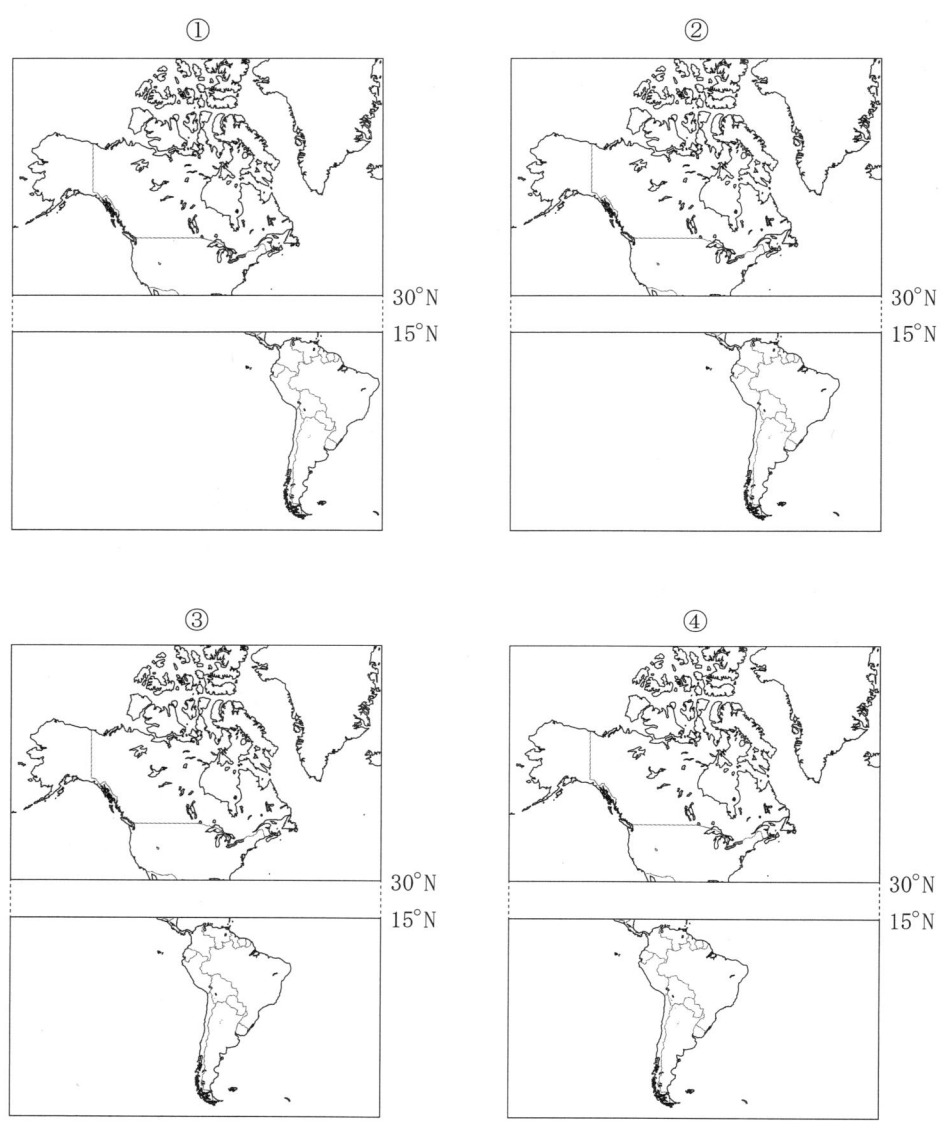

問16 南極大陸に関する記述として最も適当なものを，次の①～④の中から一つ選びなさい。

22

① 南極はイギリス，オーストラリア，ニュージーランド，フランス，ノルウェーの5カ国によって分割して領有されている。
② 南極の上空にはメタンガスが原因でできたオゾンホールがあり，環境問題となっている。
③ 南極に人類史上初めて到達したのはノルウェーのアムンゼンである。
④ 南極大陸は偏西風の影響で降雪が多く，年の平均降水量が4,000mmを超える。

注）オーストラリア (Australia)，ニュージーランド (New Zealand)，フランス (France)，ノルウェー (Norway)，アムンゼン (Roald Engelbregt Gravning Amundsen)

問17 世界の植生や土壌に関する記述として最も適当なものを，次の①～④の中から一つ選びなさい。

23

① 亜寒帯に広がるタイガにはクヌギやコナラに代表される硬葉樹林が広がっている。
② ウクライナにはチェルノーゼムと呼ばれる土壌が広がり，小麦の生産が盛んに行われている。
③ ブラジルに広がるパンパは豊富な雨量を背景に農業の中心となっており，オリーブの栽培や羊の放牧が行われている。
④ 北アメリカ大陸西部に広がるプレーリーと呼ばれる地域では肥沃な土壌を生かして，コメの生産が盛んに行われている。

注）タイガ (Taiga)，ウクライナ (Ukraine)，チェルノーゼム (Chernozem)，ブラジル (Brazil)，パンパ (Pampa)，プレーリー (Prairie)

問18 世界各地の島とその領有権を有している国の組み合わせとして最も適当なものを，次の①〜④の中から一つ選びなさい。　24

	島	領有権を有している国
①	フォークランド諸島	ブラジル
②	ニューカレドニア	ニュージーランド
③	ジブラルタル	フランス
④	グリーンランド	デンマーク

注）フォークランド諸島（Falkland Islands），ニューカレドニア（New Caledonia），ジブラルタル（Gibraltar），グリーンランド（Greenland），アルゼンチン（Argentina），デンマーク（Denmark）

問19 日本国憲法と大日本帝国憲法に関する記述として最も適当なものを，次の①〜④の中から一つ選びなさい。　25

① 日本国憲法も大日本帝国憲法も民定憲法である。
② 大日本帝国憲法では主権は天皇とされていたが，日本国憲法では主権は国民にあると定められている。
③ 大日本帝国憲法は硬性憲法であるが，日本国憲法は軟性憲法である。
④ 大日本帝国憲法は不文憲法であるが，日本国憲法は成文憲法である。

問20 日本の選挙権に関する記述として最も適当なものを，次の①〜④の中から一つ選びなさい。　26

① 日本の選挙権は満25歳以上の男女に与えられている。
② 日本では国政選挙への投票は国民の義務となっている。
③ 日本では外国人も被選挙権を有している。
④ 日本の衆議院選挙は小選挙区比例代表並立制を採用している。

問21 日本の自衛隊に関する記述として最も適当なものを，次の①～④の中から一つ選びなさい。

27

① 日本の最高裁判所は自衛隊が合憲であるという判断を下した。
② 日本の国家予算に占める国防費の割合は10%を超えている。
③ 日本の自衛隊が海外に派遣されたことはこれまで一度もない。
④ 自衛隊の最高指揮権は内閣総理大臣が有している。

問22 次の文章を読み，文章中の空欄 a ， b に当てはまる語の組み合わせとして最も適当なものを，次の①～④の中から一つ選びなさい。

日本における社会保障費は，2018年で年間の歳出の a を超えており，国家の大きな負担となっている。これは少子高齢化が進展していることに加え，日本の社会保障制度の特徴である b も要因の一つである。

28

	a	b
①	30%	ベーシックインカム
②	30%	国民皆保険制度
③	60%	ベーシックインカム
④	60%	国民皆保険制度

問23 日本国憲法に規定されている自由権に関する記述として最も適当なものを，次の①～④の中から一つ選びなさい。

29

① 身体の自由として，令状によらない逮捕は禁止されている。
② 信教の自由は保障されているが，国家の宗教行為は規定されていない。
③ 国籍離脱の自由は自由権として保障されており，二重国籍も認められている。
④ 表現の自由は保障されているが，国家による検閲も認められている。

第10回 実戦問題

問24 次の表は定数6名の比例代表選挙でのA〜D党の得票を表したものである。この選挙においてドント式で各政党に議席を配分した際のA党の議席数として最も適当なものを，下の①〜④の中から一つ選びなさい。　30

	A党	B党	C党	D党
得票数	3,000	2,000	500	100

① 3議席

② 4議席

③ 5議席

④ 6議席

問25 有権者の投票によって直接被選挙人が選出される直接選挙で選出される公職として，最も適当なものを，次の①〜④の中から一つ選びなさい。　31

① 日本の内閣総理大臣

② アメリカの大統領

③ 日本の地方自治体の首長

④ イギリスの首相

問26 各人が新たに社会契約をし，個人の一切の権利を共同体に譲渡し，共同体は人間の良心である一般意志に従い，各人の生命と自由を目的とする「社会契約説」を主張した人物として最も適当なものを，次の①〜④の中から一つ選びなさい。　32

① ロック（John Locke）

② ルソー（Rousseau）

③ モンテスキュー（Montesquieu）

④ ヴォルテール（François Marie Voltaire）

問27 君主による統治ではなく，複数の人間の協議によって政治が行われる体制を共和制と呼ぶ。共和制の国として最も適当なものを，次の①～④の中から一つ選びなさい。　33

① ドイツ（Germany）
② イギリス
③ スウェーデン（Sweden）
④ オランダ（Netherlands）

問28 ロシア革命（Russian Revolution）に関する次の文章の空欄 a ， b に当てはまる語の組み合わせとして最も適当なものを，下の①～④の中から一つ選びなさい。　34

ロシア革命は1905年の第一次ロシア革命の後，1917年に a 率いるボリシェヴィキ（Bolshevik）が蜂起し，混乱の末に1922年，ソヴィエト社会主義共和国連邦（USSR）が成立した。その後， a の後継者の b のもと，社会主義国家の建設を進めたソヴィエト連邦は第二次世界大戦では多大な犠牲を払いながらも戦勝国となった。

	a	b
①	マルクス	トロツキー
②	マルクス	スターリン
③	レーニン	トロツキー
④	レーニン	スターリン

注）マルクス（Karl Heinrich Marx），レーニン（Vladimir Ilyich Lenin），トロツキー（Lev Davidovich Trotsky），スターリン（Joseph Stalin）

第10回　実戦問題

問29　日本とアメリカが結んできた条約や取り決めに関する記述として**適当でないもの**を，次の①〜④の中から一つ選びなさい。　35

① 19世紀半ばに締結された日米修好通商条約は関税や領事裁判権などの面で日本に対して不平等なものであった。
② 第一次世界大戦後に締結されたワシントン条約ではアメリカ・日本・フランス・イギリス・イタリアの五カ国間で海軍戦力の制限に関する取り決めがされた。
③ 1951年に日本がアメリカを始めとする西側諸国と締結したサンフランシスコ平和条約によって日本は独立を回復した。
④ アメリカで開かれ，日本も参加した1985年のプラザ合意によって為替の固定相場制が終焉した。

注）日米修好通商条約（Treaty of Amity and Commerce Between the United States and the Empire of Japan），ワシントン条約（Washington Naval Treaty），イタリア（Italy），サンフランシスコ平和条約（Treaty of Peace with Japan）

問30　第二次世界大戦以降の中東における紛争に関する記述として最も適当なものを，次の①〜④の中から一つ選びなさい。　36

① 第二次中東戦争で勝利したイスラエルはナセル大統領のもと，中東世界で主導権を握った。
② 第四次中東戦争の影響によって原油価格が上昇し，第一次石油危機が発生した。
③ 湾岸戦争ではイランがクウェートに侵攻したが，ロシアが中心となった多国籍軍によって鎮圧された。
④ カダフィ大佐が長く独裁を続けていたシリアでは2011年に「アラブの春」と呼ばれる民主化運動で政権が倒された。

注）第二次中東戦争（Suez Crisis），イスラエル（Israel），ナセル（Gamal Abdel Nasser），第四次中東戦争（Yom Kippur War/October War），湾岸戦争（Gulf War），イラン（Iran），クウェート（Kuwait），カダフィ（Gaddafi），シリア（Syria），「アラブの春」（Arab Spring）

問31　第二次世界大戦以降のロシアに関する記述として最も適当なものを，次の①～④の中から一つ選びなさい。　37

① キューバ危機の際にはゴルバチョフが書記長としてアメリカとの間で交渉を行い，事態を収拾した。
② 1960年代から1980年代にかけてベトナム戦争やインド・パキスタン戦争に対し，代理戦争として中国と介入した。
③ エリツィンのもと，ペレストロイカと呼ばれる改革が進められ，ソ連が解体された。
④ ソ連解体後，旧ソ連内の国家がCIS（独立国家共同体）を結成したが，一部の国家との間ではクリミア半島に代表される領土紛争を抱えている。

注）キューバ危機（Cuban Missile Crisis），ブレジネフ（Brezhnev），ベトナム戦争（Vietnam War），インド・パキスタン戦争（Indo-Pakistani War），エリツィン（Boris Yeltsin），ペレストロイカ（Perestroika），クリミア半島（Crimea）

問32　ノーベル平和賞を受賞した国家指導者として適当でないものを，次の①～④の中から一つ選びなさい。　38

① ド・ゴール（Charles André Joseph Pierre-Marie de Gaulle）
② 佐藤栄作
③ ネルソン・マンデラ（Nelson Mandela）
④ バラク・オバマ（Barack Obama）

総合科目の問題はこれで終わりです。解答欄の 39 ～ 60 はマークしないでください。

この問題冊子を持ち帰ることはできません。

Answer Sheet
解答用紙

総合科目 JAPAN & THE WORLD
日本留学試験模擬試験
EJU Simulation Test for International Students
総合科目 解答用紙 JAPAN & THE WORLD ANSWER SHEET

受験番号 Examinee Registration Number

名前 Name

← あなたの受験票と同じかどうか確かめてください。 Check that these are the same as your Examination Voucher

注意事項 Note

1. 必ず鉛筆（HB）で記入してください。
2. この解答用紙を汚したり折ったりしてはいけません。
3. マークは下のよい例のように、○わく内を完全にぬりつぶしてください。

   Marking Examples.

よい例 Correct	悪い例 Incorrect
●	⊗ ◯ ◐ ◯

4. 訂正する場合はプラスチック消しゴムで完全に消し、消しくずを残してはいけません。
5. 解答番号は1から60まであります、問題のあるところまで答えてあとはマークしないでください。
6. 所定の欄以外には何も書いてはいけません。
7. この解答用紙はすべて機械で処理しますので、以上の1から6までが守られていないと採点されません。

解答番号	解答欄 Answer			
	1	2	3	4
1	①	②	③	④
2	①	②	③	④
3	①	②	③	④
4	①	②	③	④
5	①	②	③	④
6	①	②	③	④
7	①	②	③	④
8	①	②	③	④
9	①	②	③	④
10	①	②	③	④
11	①	②	③	④
12	①	②	③	④
13	①	②	③	④
14	①	②	③	④
15	①	②	③	④
16	①	②	③	④
17	①	②	③	④
18	①	②	③	④
19	①	②	③	④
20	①	②	③	④

解答番号	解答欄 Answer			
	1	2	3	4
21	①	②	③	④
22	①	②	③	④
23	①	②	③	④
24	①	②	③	④
25	①	②	③	④
26	①	②	③	④
27	①	②	③	④
28	①	②	③	④
29	①	②	③	④
30	①	②	③	④
31	①	②	③	④
32	①	②	③	④
33	①	②	③	④
34	①	②	③	④
35	①	②	③	④
36	①	②	③	④
37	①	②	③	④
38	①	②	③	④
39	①	②	③	④
40	①	②	③	④

解答番号	解答欄 Answer			
	1	2	3	4
41	①	②	③	④
42	①	②	③	④
43	①	②	③	④
44	①	②	③	④
45	①	②	③	④
46	①	②	③	④
47	①	②	③	④
48	①	②	③	④
49	①	②	③	④
50	①	②	③	④
51	①	②	③	④
52	①	②	③	④
53	①	②	③	④
54	①	②	③	④
55	①	②	③	④
56	①	②	③	④
57	①	②	③	④
58	①	②	③	④
59	①	②	③	④
60	①	②	③	④

The Correct Answer

正解表

第1回

問 Q.	問題番号 row	正解 A.
問1	1	3
	2	2
	3	3
	4	4
問2	5	1
	6	2
	7	2
	8	2
問3	9	4
問4	10	2
問5	11	1
問6	12	3
問7	13	4
問8	14	2
問9	15	2
問10	16	3
問11	17	2
問12	18	4
問13	19	2
問14	20	3

問 Q.	問題番号 row	正解 A.
問15	21	3
問16	22	1
問17	23	3
問18	24	1
問19	25	1
問20	26	3
問21	27	1
問22	28	3
問23	29	4
問24	30	2
問25	31	1
問26	32	4
問27	33	1
問28	34	4
問29	35	4
問30	36	4
問31	37	3
問32	38	2

正解表

第2回

問 Q.	問題番号 row	正解 A.
問1	1	3
	2	3
	3	3
	4	2
問2	5	1
	6	2
	7	4
	8	1
問3	9	2
問4	10	2
問5	11	2
問6	12	1
問7	13	4
問8	14	2
問9	15	1
問10	16	2
問11	17	4
問12	18	4
問13	19	1
問14	20	4

問 Q.	問題番号 row	正解 A.
問15	21	4
問16	22	4
問17	23	2
問18	24	3
問19	25	4
問20	26	3
問21	27	2
問22	28	4
問23	29	1
問24	30	3
問25	31	4
問26	32	1
問27	33	2
問28	34	3
問29	35	3
問30	36	2
問31	37	3
問32	38	1

第3回

問 Q.	問題番号 row	正解 A.
問1	1	1
	2	4
	3	3
	4	3
問2	5	2
	6	2
	7	1
	8	1
問3	9	3
問4	10	2
問5	11	2
問6	12	2
問7	13	4
問8	14	2
問9	15	4
問10	16	3
問11	17	2
問12	18	4
問13	19	4
問14	20	1

問 Q.	問題番号 row	正解 A.
問15	21	3
問16	22	1
問17	23	3
問18	24	2
問19	25	4
問20	26	1
問21	27	2
問22	28	4
問23	29	1
問24	30	3
問25	31	4
問26	32	1
問27	33	1
問28	34	2
問29	35	3
問30	36	2
問31	37	4
問32	38	3

第4回

問 Q.	問題番号 row	正解 A.
問1	1	**1**
	2	**4**
	3	**1**
	4	**3**
問2	5	**1**
	6	**2**
	7	**1**
	8	**3**
問3	9	**3**
問4	10	**2**
問5	11	**1**
問6	12	**3**
問7	13	**4**
問8	14	**2**
問9	15	**1**
問10	16	**4**
問11	17	**4**
問12	18	**3**
問13	19	**1**
問14	20	**2**

問 Q.	問題番号 row	正解 A.
問15	21	**4**
問16	22	**2**
問17	23	**1**
問18	24	**3**
問19	25	**2**
問20	26	**3**
問21	27	**2**
問22	28	**4**
問23	29	**1**
問24	30	**3**
問25	31	**1**
問26	32	**2**
問27	33	**3**
問28	34	**2**
問29	35	**3**
問30	36	**4**
問31	37	**2**
問32	38	**4**

正解表

第 5 回

問 Q.	問題番号 row	正解 A.
問1	1	3
問1	2	3
問1	3	4
問1	4	1
問2	5	3
問2	6	2
問2	7	1
問2	8	1
問3	9	3
問4	10	4
問5	11	4
問6	12	1
問7	13	2
問8	14	2
問9	15	2
問10	16	3
問11	17	1
問12	18	4
問13	19	3
問14	20	3

問 Q.	問題番号 row	正解 A.
問15	21	2
問16	22	4
問17	23	1
問18	24	1
問19	25	3
問20	26	2
問21	27	2
問22	28	1
問23	29	3
問24	30	2
問25	31	2
問26	32	1
問27	33	3
問28	34	1
問29	35	4
問30	36	2
問31	37	3
問32	38	4

第6回

問 Q.	問題番号 row	正解 A.
問1	1	2
	2	2
	3	4
	4	4
問2	5	2
	6	4
	7	4
	8	1
問3	9	2
問4	10	3
問5	11	2
問6	12	1
問7	13	1
問8	14	2
問9	15	2
問10	16	1
問11	17	3
問12	18	4
問13	19	1
問14	20	4

問 Q.	問題番号 row	正解 A.
問15	21	2
問16	22	3
問17	23	3
問18	24	1
問19	25	2
問20	26	4
問21	27	1
問22	28	4
問23	29	2
問24	30	3
問25	31	4
問26	32	3
問27	33	1
問28	34	2
問29	35	4
問30	36	3
問31	37	4
問32	38	1

正解表

第7回

問 Q.	問題番号 row	正解 A.
問1	1	4
問1	2	1
問1	3	2
問1	4	1
問2	5	2
問2	6	3
問2	7	4
問2	8	4
問3	9	2
問4	10	3
問5	11	4
問6	12	1
問7	13	2
問8	14	4
問9	15	2
問10	16	3
問11	17	2
問12	18	2
問13	19	1
問14	20	3

問 Q.	問題番号 row	正解 A.
問15	21	1
問16	22	4
問17	23	1
問18	24	4
問19	25	1
問20	26	3
問21	27	2
問22	28	3
問23	29	4
問24	30	1
問25	31	4
問26	32	2
問27	33	4
問28	34	2
問29	35	1
問30	36	2
問31	37	3
問32	38	3

第8回

問 Q.	問題番号 row	正解 A.
問1	1	2
	2	3
	3	4
	4	1
問2	5	1
	6	3
	7	4
	8	1
問3	9	1
問4	10	3
問5	11	2
問6	12	1
問7	13	4
問8	14	2
問9	15	2
問10	16	1
問11	17	4
問12	18	2
問13	19	3
問14	20	3

問 Q.	問題番号 row	正解 A.
問15	21	4
問16	22	1
問17	23	2
問18	24	2
問19	25	4
問20	26	4
問21	27	4
問22	28	1
問23	29	3
問24	30	2
問25	31	4
問26	32	3
問27	33	4
問28	34	2
問29	35	2
問30	36	4
問31	37	3
問32	38	2

正解表

第 9 回

問 Q.	問題番号 row	正解 A.
問1	1	4
	2	1
	3	2
	4	3
問2	5	3
	6	4
	7	3
	8	1
問3	9	2
問4	10	4
問5	11	3
問6	12	1
問7	13	2
問8	14	2
問9	15	4
問10	16	1
問11	17	4
問12	18	3
問13	19	1
問14	20	3

問 Q.	問題番号 row	正解 A.
問15	21	3
問16	22	4
問17	23	4
問18	24	2
問19	25	4
問20	26	3
問21	27	2
問22	28	3
問23	29	1
問24	30	1
問25	31	2
問26	32	4
問27	33	3
問28	34	4
問29	35	1
問30	36	1
問31	37	1
問32	38	2

第 10 回

問 Q.	問題番号 row	正解 A.
問1	1	**1**
	2	**1**
	3	**4**
	4	**1**
問2	5	**3**
	6	**3**
	7	**4**
	8	**2**
問3	9	**4**
問4	10	**3**
問5	11	**3**
問6	12	**1**
問7	13	**4**
問8	14	**3**
問9	15	**3**
問10	16	**1**
問11	17	**2**
問12	18	**1**
問13	19	**4**
問14	20	**2**

問 Q.	問題番号 row	正解 A.
問15	21	**2**
問16	22	**3**
問17	23	**2**
問18	24	**4**
問19	25	**2**
問20	26	**4**
問21	27	**4**
問22	28	**2**
問23	29	**1**
問24	30	**2**
問25	31	**3**
問26	32	**2**
問27	33	**1**
問28	34	**4**
問29	35	**4**
問30	36	**2**
問31	37	**4**
問32	38	**1**

Commentary
解説

解説

＊難易度と頻出度については，名校志向塾における研究と分析を基に記載しております。

第1回

問1

(1) ⑴ 戦間期の軍縮
Point 第一次世界大戦から第二次世界大戦までの世界各国の軍縮の取り組みについて確認しておく。各条約の内容とヴェルサイユ体制についてもおさえておく。
難易度 ★★★
頻出度 ☆

(2) ⑵ 国際連盟
Point 国際連盟と国際連合の違いについて確認しておく。特にアメリカの参加有無，常任理事国の体制についておさえておく。
難易度 ★
頻出度 ★★★

(3) ⑶ ルール地方の位置
Point 世界史上，重要な条約の締結地や，争点となった地方の位置についておさえておく。
難易度 ★★
頻出度 ★

(4) ⑷ 世界恐慌
Point 世界恐慌についてはその原因，アメリカの対応（ニューディール政策），その後の影響（ブロック経済化）について確認しておく。
難易度 ★★
頻出度 ★★★

問2

(1) ⑸ 世界各国のGDP
Point 「1人あたり名目GDP」について聞かれていることに注意。ルクセンブルク・スイスといった金融産業が盛んな国は1人あたり名目GDPが極めて高くなる傾向があることに注意。
難易度 ★★
頻出度 ★

(2) ⑹ 国際機関の本部
Point 国際機関の本部が置かれている都市についての確認。設問以外にも国連本部の位置が頻出である。
難易度 ★★
頻出度 ★★

(3) ⑺ 永世中立国
Point スイスの特色である「永世中立国」についての確認。永世中立＝非武装でないことに注意する。
難易度 ☆
頻出度 ★

(4) ⑻ スイスの言語
Point スイスの特性についての確認。設問中の「レマン湖」から推測できる。1カ国で複数の言語が使われている国（ベルギー，カナダ）については分布も確認しておくこと。
難易度 ★★
頻出度 ☆

問3 ⑼ 金本位制
Point 特に第二次世界大戦以降の国際的な為替体制の変遷については，きっかけとなった会議の名称とあわせて確認しておく。
難易度 ★★
頻出度 ★★

問4 ⑽ 貿易
Point 世界の貿易に関する経済学的な変遷について，学者の名前と主張をあわせておさえておく。
難易度 ★☆
頻出度 ★★★

問5 ⑾ 景気循環の波
Point 4つの景気循環の波について，名称・波長の周期・主張の3つをおさえておく。
難易度 ★

頻出度 ★

問6　12　日本の歳入・歳出内訳
Point　日本の国家予算の構成については一度確認しておくこと。歳出は社会保障費の割合が高い（原因は少子高齢化の進展）こと，歳入は赤字公債が4割に達していることが特徴である。
難易度　★
頻出度　★★☆

問7　13　市場の問題
Point　外部不経済については内容も含めて理解しておくこと。
難易度　★☆
頻出度　★★

問8　14　経済政策
Point　アダム・スミス，リカード，マルクス（出る回数が多いが，正解としての頻度は少ない），ケインズといった主要な経済学者についてはその主張の内容をおさえておくこと。
難易度　★
頻出度　★★★

問9　15　株式会社
Point　株式会社の仕組みについての確認。よく聞かれる点は責任範囲，持株会社，最高意思決定機関，所有と経営の分離である。
難易度　★
頻出度　★★☆

問10　16　社会保障費
Point　世界各国の社会保障の特色を確認。おさえておくべき点は北欧諸国が福祉国家であることと，アメリカには国民皆保険制度がないことである。
難易度　★
頻出度　★☆

問11　17　GDPの推移
Point　特に第二次世界大戦以降の世界的な経済の出来事は丁寧におさえておくこと（石油危機，ニクソンショック，リーマンショック等）。
難易度　★★
頻出度　★★

問12　18　日本の法律
Point　日本の新しい法律についての確認。日本の民営化された事業（塩・たばこ・鉄道・通信・郵政等）についてはおさえておきたい。
難易度　★★
頻出度　★

問13　19　雨温図
Point　日本の地域ごとの気候を地形的な要因とあわせて確認しておくこと（北海道，日本海側の豪雪地帯，高原地帯，沖縄等）。
難易度　★☆
頻出度　★★

問14　20　スリランカの位置
Point　スリランカやマダガスカル，太平洋の島国の位置は出題されることもあるので，位置を確認しておくこと。
難易度　★★☆
頻出度　★

問15　21　食料自給率
Point　世界各国の食料自給率に関する問題。世界の主要な農業国については主な生産物をおさえておく。
難易度　★★
頻出度　★★☆

問16　22　アメリカの地形
Point　アメリカの地形に関する問題。ロッキー山脈，グレートプレーンズ，アパラチア山脈，五大湖について確認しておく。
難易度　★
頻出度　★★

問17　23　日本の都市の位置
Point　日本の主要都市（東京・大阪・名古屋・京都・広島・福岡・長崎等）の位置についてはおさえておくこと。
難易度　★
頻出度　★☆

問18　24　日本の内閣
Point　日本の内閣についての確認。その特徴（行政権の主体，解散・不信任，内閣の構成等）

解説

についておさえておく。
難易度 ★☆
頻出度 ★★★

問19 25 アメリカの政治体制
Point アメリカの政治体制についての確認。問われやすい点は大統領の選出方法，大統領の権限，二大政党制の特徴，上下院の特徴である。
難易度 ★☆
頻出度 ★

問20 26 国家の3要素
Point 国家の3要素についての確認。このうち，海洋関係については領海と排他的経済水域（EEZ）の違いが問われるので確認しておく。
難易度 ★
頻出度 ★★

問21 27 圧力団体
Point 圧力団体の特徴についての確認。日本における圧力団体としては医師会，農協，労働組合等が該当する。
難易度 ★★
頻出度 ★

問22 28 選挙制度
Point 日本の選挙制度についておさえておくこと。主要な点は大選挙区・中選挙区・小選挙区・比例代表制の特色である。
難易度 ★
頻出度 ★★☆

問23 29 日本の労働者
Point 日本の労働三権については頻出なので，その名称と内容について確認しておくこと。
難易度 ★★
頻出度 ★★☆

問24 30 南スーダンの位置
Point 国際的に話題になっている地域の位置は問われることがあるので，確認しておくこと。
難易度 ★★
頻出度 ★

問25 31 国連分担金
Point 2018年まで国連分担金の負担順がアメリカ→日本→中国→ドイツ→フランスの順であることをおさえておく（2019年からは，アメリカ→中国→日本→ドイツ→イギリスの順になる）。
難易度 ☆
頻出度 ★

問26 32 EU（欧州連合）
Point EUについてはその成立までの歴史から成立以降の拡大，そしてイギリスの離脱までの流れについて丁寧に確認する。
難易度 ★★
頻出度 ★★☆

問27 33 第三世界
Point 第三世界については主要な参加国や指導者（ネルー，ナセル，ティトー）といった点を確認しておく。ティトーがユーゴスラビアの指導者であることを確認しておく。
難易度 ★★
頻出度 ★☆

問28 34 ケネディ大統領下の出来事
Point 特に第二次世界大戦以降のアメリカの大統領ごとの出来事は確認しておくこと。特に大きな出来事（ベトナム戦争，プラザ合意，湾岸戦争，同時多発テロ等）の際の大統領は頻出である。
難易度 ★★☆
頻出度 ★☆

問29 35 日本の第二次世界大戦後の出来事
Point 日本の第二次世界大戦後の出来事，特に日本の国際社会への復帰に関する大きな出来事はおさえておく。
難易度 ★★
頻出度 ★★★

問30 36 日露戦争
Point 日露戦争に関する確認。主に問われる点は日露戦争のアジアへの影響，日露戦争の戦後処理である。
難易度 ★★★
頻出度 ★

問31 37 第二次世界大戦後の日本経済
Point 第二次世界大戦後の日本の経済史についての確認。特に為替に関する出来事（ドッジライン，ニクソンショック，プラザ合意）について丁寧に確認しておくこと。
難易度 ★
頻出度 ★★

問32 38 核軍縮
Point 核軍縮の歴史については各条約（CTBT，INF等）の内容を含めて確認すること。
難易度 ★★
頻出度 ★★

第2回

問1
⑴ 1 ニュージーランドの輸出品目
Point ニュージーランドの特産品に関する問題。出題頻度は高くないものの，第1問に比較的マイナーな国の話題が来ることがあるので，対策が必要。
難易度 ★
頻出度 ★☆

⑵ 2 オーストラリアの首都の位置
Point 最大の都市と首都が異なる国（オーストラリアやブラジル）に関しては，その名称と位置についておさえておく必要がある。
難易度 ★
頻出度 ★★

⑶ 3 植民地
Point 欧州列強が帝国主義時代にどのあたりのエリアを植民地にしていたのかはおさえておく必要がある。
難易度 ★
頻出度 ★★

⑷ 4 オリンピックの開催都市
Point 東京オリンピックを控えて出題が想定される問題。ヨーロッパ主要国の首都で夏季オリンピックが開催されたことがないのはマドリード（スペイン）のみ。
難易度 ★★★
頻出度 ☆

問2
⑴ 5 アメリカ独立宣言
Point アメリカ独立宣言に関する問題は頻出。おさえておくのは起草者，内容，影響を受けた思想。
難易度 ★
頻出度 ★★

⑵ 6 米墨戦争
Point メキシコ国境の地域を踏まえると解答可能。米墨戦争は頻出ではないものの，アメリカ史において重要な出来事なのでおさえておく必要がある。
難易度 ★★
頻出度 ☆

⑶ 7 アメリカにおける人種分布
Point 「人種のるつぼ」と称されるアメリカの人種分布に関する問題。ヒスパニックは南西部で比率が高いことに注意。
難易度 ★★☆
頻出度 ★

⑷ 8 貿易協定
Point TPPをはじめとする世界の貿易協定は経済協定と一緒におさえておきたいポイント。
難易度 ★★
頻出度 ★☆

問3 9 需給曲線
Point 需給曲線の基本的な動きに関する問題。
難易度 ★
頻出度 ★★★

問4 10 中央銀行の役割
Point 中央銀行の役割に関する問題は頻出。「発券銀行」，「銀行の銀行」，「政府の銀行」の3つの原則は必ずおさえておく。
難易度 ★
頻出度 ★★★

解説

問5 [11] フランス人権宣言
Point フランス革命とあわせて頻出分野の問題。アメリカ独立宣言と同様に起草者，趣旨，影響を受けたものをおさえておく。
難易度 ★★
頻出度 ★

問6 [12] 政府債務残高
Point 国債に関する問題。世界の中で債務が多い国（日本，ギリシャ，スペイン等）は知っておく必要がある。
難易度 ★★
頻出度 ★★

問7 [13] 1990年代以降の日本経済
Point 近年の日本経済の状況についての確認。特に円相場と経済的な出来事（リーマン・ショック等）はあわせて確認する。
難易度 ★★
頻出度 ★★

問8 [14] 1980年代の日本の経済
Point 1980年代の日本の経済についての確認。バブル経済，プラザ合意，自動車を始めとする対米黒字の拡大等はおさえておく必要がある。
難易度 ★
頻出度 ★★☆

問9 [15] 経済学者
Point 頻出ポイント。著名な経済学者の名前と理論については必ずおさえておくこと。
難易度 ★
頻出度 ★★★

問10 [16] 平均寿命
Point 平均寿命にはその国の社会の安定性が如実に反映されることに留意。
難易度 ★★
頻出度 ☆

問11 [17] GDP
Point 頻出ポイント。名目GDPと実質GDPの関係について正しく理解しておくこと。
難易度 ★★★
頻出度 ★☆

問12 [18] 日本の税制
Point 直接税と間接税の関係，税の種類については出題機会が比較的多いため，日本の国家の歳入・歳出とあわせておさえておく。
難易度 ★★
頻出度 ★★★

問13 [19] 発電比率
Point 日本の電源比率に関する問題。天然ガスの割合が最も高いことと，原子力の割合が非常に低くなっていることに留意。
難易度 ★★
頻出度 ★★☆

問14 [20] 日本の経緯度
Point 経緯度の問題は頻出。日本に関しては標準時が東経135度で決められている，東京が東経140度，北緯35度であることを覚えておく。
難易度 ★★
頻出度 ★

問15 [21] 海岸地形
Point リアス式海岸はその成因や特徴（好漁場・津波の被害を受けやすい等）をしっかりとおさえておくこと。また日本と世界の好漁場についてはその要因を含めて確認しておく。
難易度 ★★
頻出度 ★★

問16 [22] 図法
Point 図法は頻出ポイント。各図法の特色はしっかりとおさえておくこと。
難易度 ★
頻出度 ★★

問17 [23] 世界の主食
Point 穀物分布に関する問題。世界の穀物生産についてはどの地域でどんなものが生産されているかをおさえておく。
難易度 ★☆
頻出度 ★☆

問18 [24] 植民地
Point アフリカほどではないがアジアの植民地についても出題されることがあるので，旧植

民地と宗主国の関係はしっかりとおさえておく。
難易度 ★☆
頻出度 ★★

問19 25 民族分布
Point 言語と並んで民族の分布が問われることがある。言語島の存在はしっかりとおさえておく。
難易度 ★★★
頻出度 ☆

問20 26 アメリカの政治体制
Point 頻出ポイント。三権分立の仕組みや、大統領の権限、上下院の関係についてはしっかりとおさえておく。
難易度 ★
頻出度 ★★

問21 27 日本国憲法
Point 日本国憲法は頻出ポイント。「基本的人権の尊重」や「国民の権利・義務」、「国家の主権」といったトピックは絶対におさえておく。
難易度 ★
頻出度 ★★☆

問22 28 新しい人権
Point EJUでは比較的頻出トピック。どのような権利があるのかと、その内容についてしっかりと把握しておく。
難易度 ★
頻出度 ★★★

問23 29 日本の地方自治体
Point 日本の地方自治の特色についておさえておくこと。税収や選挙制度についておさえておく。
難易度 ★★
頻出度 ★★

問24 30 日本の司法制度
Point 三審制、最高裁判所、違憲立法審査権、三権における位置付けといったトピックは確実におさえておく必要がある。
難易度 ★☆
頻出度 ★★

問25 31 2000年代の国際情勢
Point 直近の世界情勢について出題されることもあるため、しっかりと近い時代の出来事もおさえておく。
難易度 ★★★
頻出度 ★

問26 32 国際機関
Point 国際機関については比較的頻出の範囲。本部の位置や国連との関係、業務内容についてはおさえておく必要がある。
難易度 ★★
頻出度 ★★☆

問27 33 領土の定義
Point 国家の三要素と海洋に関すること(領海とEEZの違い)はおさえておく必要がある。
難易度 ★
頻出度 ★★

問28 34 女性の社会進出
Point 女性の社会進出について、女性差別撤廃条約と、各国の男女の選挙権についておさえておく必要がある。
難易度 ★★★
頻出度 ★★

問29 35 公用語
Point 旧宗主国との関係で公用語が変化している地域に関する問題。特にアフリカ地域における分布は聞かれることがあるので、しっかりとおさえておく。
難易度 ★★
頻出度 ★

問30 36 日米貿易(日米貿易摩擦)
Point 1980年代を中心とした日米貿易摩擦は頻出ポイント。GATT・WTOといった国際機関やウルグアイ・ラウンド等の出来事についておさえておく。
難易度 ★
頻出度 ★★☆

問31 37 第二次世界大戦中の会議
Point ヤルタ会談・ポツダム会談といった第

解説

二次世界大戦の戦後処理に関する問題は出席者、会議の内容についておさえておく必要がある。アメリカの参加者が変わること、中国の参加有無は特に注意ポイント。

難易度　★★
頻出度　★★☆

問32 [38] 冷戦
Point　冷戦期間中の歴史について、東西陣営の間での大きな出来事を中心として把握しておくこと。特に緊張の高まるタイミング（キューバ危機前後）と、冷戦終結期に関してはしっかりとおさえておく。

難易度　★★
頻出度　★

第3回

問1
(1) [1] BRICs
Point　BRICsの構成国についての確認。BRICSと全て大文字表記の場合は南アフリカも含まれることに注意。

難易度　★
頻出度　☆

(2) [2] インドの主要都市の位置
Point　インドの主要都市（デリー、ムンバイ等）の場所については確認しておくこと。

難易度　★★
頻出度　☆

(3) [3] 熱帯低気圧の名称
Point　ハリケーン、サイクロン、タイフーンといった熱帯低気圧の名称は聞かれる場合があるので確認しておくこと。

難易度　★
頻出度　★

(4) [4] 人口ピラミッド
Point　人口ピラミッドは国家の発展段階と大きく関係している。基本的には「富士山型」→「釣り鐘型」→「つぼ型」と変遷していくことをおさえておく。

難易度　★
頻出度　★☆

問2
(1) [5] EU本部
Point　EUの本部はベルギーのブリュッセルに置かれている。その他、前身の組織、原加盟国といった点は基礎知識としておさえておくこと。

難易度　★
頻出度　★

(2) [6] EUに関する条約
Point　EUに関する条約としてはマーストリヒト条約、シェンゲン協定をおさえておく。

難易度　★★
頻出度　★

(3) [7] EU圏内の失業率
Point　ヨーロッパの中でもスペイン・ギリシャといった国家は経済が不調で失業率が高いことから推定できる。現時点での経済情勢についてもしっかりとおさえておくこと。

難易度　★★
頻出度　★

(4) [8] ユーロ不採用国
Point　EU加盟国が全てユーロを利用しているわけではないことに注意。現時点でEU加盟国でユーロを導入していないのは、デンマーク、スウェーデン、イギリス、ブルガリア、チェコ、ハンガリー、ポーランド、ルーマニア、クロアチアの9カ国。

難易度　★★
頻出度　★☆

問3 [9] 需給曲線と税制
Point　需給曲線の動き方を知っていれば解答可能。生産コストが上昇した場合は、供給曲線が左方シフトすることをおさえておく。

難易度　★★
頻出度　★★★

問4 [10] 中央銀行の役割
Point　好況時にはインフレーション、不況時にはデフレーションが発生しやすく、中央銀行はそれぞれを是正するよう動くことを把握しておく。

難易度　★
頻出度　★★★

問5　11　アメリカ独立宣言
Point　アメリカ独立宣言は同時期のフランス人権宣言と並んで頻出トピック。起草者と思想的影響を与えた人物（ロック・ルソー等）をしっかりとおさえておくこと。

難易度　★
頻出度　★

問6　12　外貨準備高
Point　外貨準備高は輸出金額が多いほど、多くなるという傾向をおさえておけば解答可能。

難易度　★★☆
頻出度　★☆

問7　13　為替
Point　為替レートの変動によってどのような経済的影響が生じるかは基礎知識であるので徹底的に理解しておく。

難易度　★
頻出度　★★

問8　14　独占・寡占の形態
Point　独占の形態（カルテル・トラスト・コンツェルン）と独占禁止法についておさえておく。なお、日本では1997年に持株会社が解禁された。

難易度　★
頻出度　★

問9　15　経済学者
Point　著名な経済学者の名前と理論については必ずおさえておくこと（アダム・スミス，リカード，リスト，ケインズ等）。

難易度　★
頻出度　★★★

問10　16　社会保障
Point　北欧の福祉国家や日本では国家財政に占める社会福祉の割合が大きいことを確認しておく。

難易度　★★
頻出度　★★

問11　17　GDPとGNI
Point　GDPとGNIの関係を正しく把握しておくこと。GDPは"国内"のため、その国の企業が海外支店等で生産したモノやサービスの付加価値は含まない。一方GNPは"国民"のため、国内に限らず、その国の企業の海外支店等の所得も含んでいる。

難易度　★☆
頻出度　★★

問12　18　日本の人口問題
Point　日本の人口の問題点として少子高齢化とそれに伴う人口減少があるが、数値についても正しくおさえておく。

難易度　★★
頻出度　★

問13　19　雨温図と都市
Point　基本的な雨温図の読み取り問題。気温が最も高い時期と年較差、最高・最低気温に着目。

難易度　★
頻出度　★★

問14　20　海岸地形
Point　海岸地形の問題は頻出。特にリアス式海岸は出題されやすいので、その特徴（津波時に被害が大きい、よい漁場になる等）をおさえておく。

難易度　★
頻出度　★★★

問15　21　ヨーロッパの気候
Point　ヨーロッパと日本の緯度の比較は比較的頻出の問題。西岸海洋性気候の特徴についておさえておく。

難易度　★
頻出度　★★★

問16　22　緯度経度
Point　世界の主要都市の位置を地球儀ベースでおさえておく。世界の主要都市の大まかな緯度経度については知っておくこと。

難易度　★★
頻出度　★★☆

解説

問17 23 植生
Point 世界の植生についてはその分布地域，特徴，農作物についてしっかりと把握しておく。
難易度 ★★
頻出度 ★

問18 24 地形の成因
Point カルデラや断層湖といった特徴的な地形についてはその成因もしっかりとおさえておく。
難易度 ★★
頻出度 ★

問19 25 言語
Point 世界の言語の系統，特に言語島になっている地域についてはしっかりとおさえておく。
難易度 ★★☆
頻出度 ★

問20 26 フランスの政治体制
Point フランスの政治体制について半大統領制や共和制といった特徴を，その成立の経緯とともに確認しておく。
難易度 ★
頻出度 ★★

問21 27 日本国憲法
Point 日本国憲法は頻出ポイント。特に憲法改正手続きについては細かく把握しておく必要がある。
難易度 ★
頻出度 ★★★

問22 28 日本の社会保障制度
Point 日本の社会保障制度の特徴として，国民皆保険制度は必ずおさえておく。
難易度 ★★
頻出度 ★☆

問23 29 日本の地方自治体
Point 日本の地方自治の特色についておさえておく。日本の地方自治体はアメリカと異なり自治体単位での法律を制定することはできない（条例は制定できる）。
難易度 ★★
頻出度 ★★☆

問24 30 日本の内閣
Point 日本の内閣の役割（条約の批准，予算案の提出，最高裁判所長官の指名等）について正しく把握する。
難易度 ★
頻出度 ★★★

問25 31 冷戦期の国際情勢
Point 冷戦期の出来事はアメリカとソ連を中心に細かく把握しておくこと（出来事の場所とその結果等）。
難易度 ★★
頻出度 ★★

問26 32 為替
Point 第二次世界大戦後の為替制度の変遷を日本円と絡める問題は頻出なので，会合の名称とあわせてしっかりとおさえておく。
難易度 ★★
頻出度 ★☆

問27 33 植民地
Point 旧植民地の宗主国についてはおさえておくこと。
難易度 ★☆
頻出度 ★

問28 34 近代化の歴史
Point 産業革命以降の経済発展の歴史について確認。特にイギリスに関する東インド会社や三角貿易といったキーワードはおさえておく。
難易度 ★★☆
頻出度 ★★

問29 35 宗教の分布
Point アジアではインドネシア，パキスタン，マレーシア，バングラデシュなどでイスラム教徒が多数を占める。
難易度 ★★
頻出度 ★☆

問30 36 国際連合
Point 国際連合について常任理事国，負担金，付随する機関等のトピックをおさえておく。国際連合については出題されることが多いため注

意。

難易度 ★
頻出度 ★★★

問31 37 第二次世界大戦中の会議

Point ヤルタ会談やポツダム会談といった第二次世界大戦の戦後処理に関する問題は出席者，会議の内容，開催順序についておさえておく必要がある。

難易度 ★☆
頻出度 ★★☆

問32 38 日米貿易摩擦

Point 日米貿易摩擦についてはその経緯，ならびにその解消のために開催された会議も含めておさえておく。

難易度 ★★
頻出度 ★

第4回

問1

(1) 1 日本の開国

Point 開国は日本の歴史において大きなターニングポイントとなった出来事。その経緯や日米の不平等条約についてはおさえておきたいポイント。

難易度 ★★
頻出度 ★

(2) 2 日本の天皇制

Point 日本の天皇制の特徴（象徴天皇，天皇の国事行為など）はよく問われるポイント。

難易度 ★
頻出度 ★☆

(3) 3 1860年代の出来事

Point 19世紀後半は世界の転換期として様々な出来事が起きている（帝国主義による植民地の争奪，アメリカの南北戦争，日本の明治維新〜富国強兵等）。

難易度 ★★
頻出度 ★

(4) 4 下関の場所

Point 日清戦争の講和条約である下関条約が締結された場所。条約が締結された場所は問われることがあるので，地図上でしっかりと把握しておく。

難易度 ★★★
頻出度 ☆

問2

(1) 5 日本の気候

Point 日本の気候の特徴（日本海側の豪雪，梅雨，明瞭な四季等）はしっかりとおさえておくこと。

難易度 ★★
頻出度 ★☆

(2) 6 フェーン現象

Point 気候に関する現象（フェーン，エルニーニョ，ラニーニャ）はその名称と内容，影響についておさえておくこと。

難易度 ★★
頻出度 ★

(3) 7 エルニーニョ現象

Point エルニーニョ現象による世界的規模の影響に関してはよく出題される。熱帯太平洋の東部で海面水温が平年より高く，西部では海面水温が低くなり，日本では冷夏になる。

難易度 ★
頻出度 ★★

(4) 8 コメの輸入先

Point 1993年の冷夏の際に日本はコメを主にタイから輸入した。タイ・ベトナム・インドは世界でも有数のコメの輸出国である。

難易度 ★★
頻出度 ★☆

問3 9 需給曲線

Point 需給曲線の基本的な問題。猛暑＝飲料需要が増えるので，需要曲線が右方シフトする。

難易度 ★
頻出度 ★★★

問4 10 日本の市場経済

Point 日本の経済制度に関して，独占禁止法や株式会社の制度は頻出ポイントである。しっかり

解説

とおさえておく。
難易度 ★☆
頻出度 ★☆

問5 [11] 景気循環
Point 4つの景気循環（キチンの波，ジュグラーの波，クズネッツの波，コンドラチェフの波）についてはその周期，変動の原因を中心によく問われる。
難易度 ★★
頻出度 ★

問6 [12] 自動車生産量
Point 自動車の生産量も頻出問題。中国＞アメリカ＞日本＞ドイツの順であることをしっかりとおさえておく。
難易度 ★
頻出度 ★★

問7 [13] 税制
Point 直接税と間接税の特色の違い，またその租税の種類（例：消費税＝間接税），日本の直間比率はよく出題されるポイント。
難易度 ★★
頻出度 ★★★

問8 [14] 日本の為替市場
Point 日本の変動相場制以降の為替レートの推移で特徴的な時期は，その背景となった経済状況とあわせてしっかりと把握しておく。
難易度 ★★
頻出度 ★★☆

問9 [15] アメリカの経済
Point アメリカの経済問題に関する用語（レーガノミクス，双子の赤字等）についておさえておく。
難易度 ★
頻出度 ★☆

問10 [16] 金の生産量
Point 金について問われることは少ないが，世界の天然資源（化石燃料，レアメタル）の産出国はしっかりと把握しておくこと。
難易度 ★★
頻出度 ☆

問11 [17] 便宜置籍国
Point 優遇税制の関係で船籍が多く置かれる国や，タックスヘイブンについては問われることがあるのでしっかりとおさえておく。
難易度 ★★
頻出度 ★

問12 [18] 日本の労働問題
Point 日本の労働問題は頻出のテーマ。問われる内容は労働三権や男女平等に関するトピックが多いので法律とあわせておさえておく。
難易度 ★★
頻出度 ★★☆

問13 [19] 図法
Point 図法の特徴は比較的頻出のテーマ。各図法の特徴（距離，位置関係，方位等の何が正しく表されているか，用途は何か）といったことは必ずおさえておく。
難易度 ★
頻出度 ★★

問14 [20] 計画都市
Point 首都が最大の都市ではない国家は要注意（オーストラリア，ベトナム，ニュージーランド，ブラジル等）。
難易度 ★
頻出度 ☆

問15 [21] 出生率
Point 出生率にはその国の経済状況や政治体制が反映される。平均寿命や出生率，幼児死亡率といったデータはしっかりと確認しておくこと。
難易度 ★★☆
頻出度 ★☆

問16 [22] ストックホルムの位置
Point 国際連合人間環境会議の開催地がストックホルムであることを把握した上で，その位置を問う問題。重要な会議の場所は名称とともに必ず地図上で位置を確認すること。
難易度 ★★
頻出度 ★

問17 23 公用語
Point 多文化が共存している国家に関する問題。よく問われるのはカナダ（ケベック），スイス（四カ国語），ベルギー（フランス語とフラマン語）といった地域。
難易度 ★★
頻出度 ★

問18 24 天然資源の産出国
Point 天然資源の産出国の特徴はおさえておく。
難易度 ★
頻出度 ★★

問19 25 自然保護条約
Point 自然保護に関する条約。同じようなものにラムサール条約（湿地の保存）があり，混同しないように注意。
難易度 ★
頻出度 ★★

問20 26 日本国憲法
Point 日本国憲法は頻出ポイント。主権と天皇の関係，国民の権利・義務，基本的人権といった部分はよく出題されるので，しっかりとおさえておく。
難易度 ★
頻出度 ★★★

問21 27 民主主義の発展
Point ロック・ホッブズ・ルソーといった民主主義の形成に寄与した人物はその名前と著作，主張をしっかりとおさえておく。またフランス革命やアメリカ独立との関係も把握しておく。
難易度 ★☆
頻出度 ★★

問22 28 福祉国家
Point 「大きな政府」の特徴を問う問題。国家財政に占める社会福祉費の割合が高い，税率が高い，国民の貧富の格差が小さいといった特徴をおさえておく。
難易度 ★
頻出度 ★☆

問23 29 日本の地方自治体
Point 日本の地方自治体の大きな課題として，財政的に脆弱で国からの補助金に頼る割合が高い点がよく問われる。
難易度 ★☆
頻出度 ★★

問24 30 日本の衆議院と参議院
Point 日本の衆参両院の違い（任期，被選挙権，法案採決時の優越等）について正しく把握する。
難易度 ★
頻出度 ★☆

問25 31 国連の武力介入
Point 国連の紛争解決（PKOの派遣，武力行使決議等）は日本との関係も含めて把握しておく。
難易度 ★★
頻出度 ★☆

問26 32 フランス革命
Point フランス革命に関する問題は頻出テーマ。影響を与えた人物や，フランス人権宣言の内容については確実に理解しておく。
難易度 ★
頻出度 ★★

問27 33 冷戦期の歴史
Point 冷戦期の歴史については米ソ両国だけでなく，その代理戦争の舞台となった地域もあわせて理解しておくこと。
難易度 ★
頻出度 ★★

問28 34 20世紀のアメリカ外交史
Point モンロー主義，棍棒外交といったキーワードを軸にアメリカの帝国主義政策とあわせて理解しておく。
難易度 ★★☆
頻出度 ☆

問29 35 国際連盟
Point 国際連盟はその後に設立された国際連合との違い，その設立の経緯，うまく機能しなかっ

解説

た理由をしっかりと理解しておく。
難易度 ★
頻出度 ★★☆

問30 36 第一次世界大戦
Point 第一次世界大戦はその結果が及ぼした影響について問われることが多い。第一次世界大戦後に成立したヴェルサイユ体制について理解しておく。
難易度 ★★
頻出度 ★★

問31 37 日本の戦後復興史
Point 日本の戦後の歴史については内閣の名前とあわせて大きな出来事をおさえておく。
難易度 ★★
頻出度 ★★

問32 38 第二次世界大戦後のアジア
Point 第二次世界大戦後，アジアでは続々と植民地だった国家が独立した。その経緯についてはしっかりと理解しておくこと。また日本の国際社会への復帰過程についても問われることが多い。
難易度 ★★
頻出度 ★★

第5回

問1
(1) 1 ヨーロッパの王室
Point ヨーロッパ諸国の政体や君主制については出題ポイントとなることがあるため，把握しておくこと。特にイギリスの王室と議会の関係等は注意。
難易度 ★
頻出度 ★☆

(2) 2 イギリスの政体
Point 立憲君主制はイギリスに絡めて出題される機会が多い。
難易度 ★
頻出度 ★★☆

(3) 3 フランス革命
Point フランス革命は頻出テーマ。その背景と革命の推移，思想，その後の世界への影響といった要素はしっかりと理解しておく。
難易度 ★★
頻出度 ★★

(4) 4 イギリスの首相
Point EU離脱に関しては今後何年か出題される可能性のあるトピック。背景を含めて理解しておく。
難易度 ★
頻出度 ☆

問2
(1) 5 日本国憲法の改正
Point 日本国憲法の改正は頻出テーマ。日本国憲法が硬性憲法であることをしっかりとおさえておく。
難易度 ★★
頻出度 ★

(2) 6 軟性憲法
Point アメリカの憲法は非常に改正が多いことはよく出題されるトピック。日本の憲法との比較を通じてしっかりと把握しておく。
難易度 ★★
頻出度 ★★☆

(3) 7 日本の立法府
Point 日本の三権分立の仕組み（立法＝国会，行政＝内閣，司法＝裁判所）はしっかりと理解しておくこと。
難易度 ★
頻出度 ★★

(4) 8 新しい人権
Point 新しい人権は比較的よく取り上げられるテーマ。
難易度 ★
頻出度 ★★★

問3 9 市場経済
Point 市場経済のメカニズム（需給の変化による影響，市場の不完全など）を理解しておく。
難易度 ★★☆

頻出度 ★★★

問4 [10] 需給曲線
Point 需給曲線を用いた、やや難易度の高い問題も出題されることがある。需給曲線が動く理由やそのメカニズムを理解しておけば対応可能。
難易度 ★★
頻出度 ★★★

問5 [11] 国家の形態
Point 「大きな政府」、「小さな政府」、「夜警国家」、「福祉国家」といったキーワードは国家の形態を問われる問題でよく出題されるのでしっかりとおさえておく。
難易度 ★
頻出度 ★★★

問6 [12] 鉄鉱石産出量
Point 主だった資源について、世界でトップの国はおさえておく。
難易度 ★★
頻出度 ★

問7 [13] GDP
Point GDPとGNIの違い、またどのような項目がそれぞれに含まれるのかといった項目はよく出題されるポイント。
難易度 ★
頻出度 ★★

問8 [14] 為替の影響
Point 通貨レートが変動した際に生じる影響を問う問題は頻出。それぞれ正と負の影響を受ける産業とあわせて理解しておく。
難易度 ★★
頻出度 ★

問9 [15] 世界経済と日本経済
Point 1990年代以降の世界と日本の経済的な流れについては細かく問われることがあるので、トピックとなるキーワードを中心にしっかりと理解しておく。
難易度 ★
頻出度 ★☆

問10 [16] 特許の出願数
Point こうした各国の経済状況を元に類推させるような問題が出題されることがある。
難易度 ★★
頻出度 ☆

問11 [17] 企業の仕組み
Point 株式会社の仕組みや設立といった問題は数年に一度出題されている。日本の会社制度の仕組みはしっかりとおさえておくこと。
難易度 ★★
頻出度 ★★☆

問12 [18] タックスヘイブン
Point 便宜置籍国と並んで出題されるトピック。
難易度 ★★
頻出度 ★

問13 [19] 海岸地形
Point 海岸地形(特にリアス式海岸とフィヨルド)は頻出テーマ。その成因や特徴は必ずおさえておくこと。
難易度 ★
頻出度 ★★☆

問14 [20] 災害
Point 地図をもとに類推する問題。気候区分等とあわせて考えることで正解を導くことは可能。
難易度 ★☆
頻出度 ★

問15 [21] 時差
Point 時差の計算はやや頻出のテーマ。日付の扱い方や、移動の方向に注意して計算すること。
難易度 ★★★
頻出度 ★★☆

問16 [22] 造山帯
Point 古期造山帯と新期造山帯は世界の代表的な山脈や山地がどちらに属するかをあわせて理解しておく。
難易度 ★★
頻出度 ★★

解説

問17 23 言語と宗教
Point 各地域の言語と信仰されている宗教といった民族的な特徴についても問われることがある。特に地域の中で部分的に異なっている場合は注意して覚えておく。
難易度 ★
頻出度 ★★

問18 24 多言語の国
Point カナダやベルギーのように一カ国の中に複数の言語の話者が存在する国についてはその内容も含めておさえておく。
難易度 ★☆
頻出度 ★★

問19 25 フランスの政治体制
Point 首相と大統領が併存する半大統領制の国に関する問題。世界の主要国の政体は理解しておくべきポイント。
難易度 ★★
頻出度 ★★

問20 26 アメリカ独立宣言
Point アメリカ独立宣言に関しては影響を受けたもの，起案者，その内容といったポイントを理解しておくこと。
難易度 ★★
頻出度 ★☆

問21 27 民主主義の発展
Point ロック・ホッブズ・ルソーといった民主主義の形成に寄与した人物はその名前と著作，主張をしっかりとおさえておく。
難易度 ★
頻出度 ★★☆

問22 28 日本の地方自治体
Point 日本の地方自治体の特色として，直接住民が公職者の辞職を求めることができる（リコール）。
難易度 ★
頻出度 ★★

問23 29 裁判官国民審査
Point 日本の最高裁判所の裁判官は衆議院選挙の際にその適否を投票にかけられる。これは日本裁判制度の大きな特色であり，おさえておくべきポイント。
難易度 ★★
頻出度 ★★

問24 30 領土問題
Point ロシアが係争中のクリミア半島の問題。ヨーロッパ・アメリカ大陸の領土問題はやや頻出のポイントなので，名称だけでなく，位置も含めて理解しておくこと。
難易度 ★
頻出度 ★★

問25 31 国連の機関
Point 主要な国連機関は必ずおさえておくこと。
難易度 ★
頻出度 ★★

問26 32 旧宗主国
Point 地図中に示されたAの国を把握する必要があるため，難易度が高い問題。コンゴは旧ベルギー領。基本的にはアフリカ大陸の北側にフランス，東側から南側にイギリスの旧植民地が多い。
難易度 ★★★
頻出度 ☆

問27 33 アラブの民主化
Point アラブ地域での民主化の動きは2010年代以降の時事問題として出題される可能性があるトピック。舞台となった国（リビア，エジプトなど）と指導者をあわせて理解しておく。
難易度 ★★
頻出度 ★☆

問28 34 第一次世界大戦以降の国際協調
Point 国際連盟の創設，ワシントン海軍条約に代表される国際協調は戦間期のトピックとして出題されることがあるため，ヴェルサイユ体制を元に理解しておく。
難易度 ★
頻出度 ★★

問29 35 第二次世界大戦
Point 第二次世界大戦後の戦後処理に関する

問題。日本・ドイツに代表される敗戦国の処遇と新しい国際秩序を理解しておく。
難易度 ★★
頻出度 ★☆

問30 36 第二次石油危機
Point 二度の石油危機（オイルショック）はそれぞれ中東の違う出来事が要因となって発生していることを理解しておく。
難易度 ★
頻出度 ★

問31 37 開発独裁
Point 第二次世界大戦後の第三世界と呼ばれる世界の動向についても理解を深めておく必要がある。特に国名と指導者の名前はしっかりと対応させておくこと。
難易度 ★★
頻出度 ☆

問32 38 世界経済における危機
Point 世界経済に大きな影響を与えた出来事の時系列をおさえておく。その際、発端となった国や出来事をあわせて確認しておく。
難易度 ★★
頻出度 ★☆

第6回

問1

(1) 1 日本の観光施策
Point 為替レートの影響が理解できれば解答可能な問題。
難易度 ★★
頻出度 ★

(2) 2 訪日外国人の推移
Point 近年アジアからの訪日観光客が増加していることは日本の政策とも密接に関しているのでおさえておくべきポイント。
難易度 ★★
頻出度 ★

(3) 3 GDPの推移
Point 世界の主要国のGDPの推移は頻出の問題。G7くらいの国まではおさえておく。
難易度 ★
頻出度 ★☆

(4) 4 ハイサーグラフ
Point ハイサーグラフは気候区分ごとに形を認識しておくと解答しやすい。
難易度 ★★
頻出度 ★☆

問2

(1) 5 アメリカ大統領選
Point アメリカの大統領選挙は制度が特徴的なこともあり、出題されることがある。他の国（特に日本）の指導者選出の方法とあわせて把握しておくこと。
難易度 ★☆
頻出度 ★

(2) 6 貿易協定
Point 各種貿易協定（TPP・NAFTA等）は変化が激しいため、しっかりと最新の状況を把握しておく。
難易度 ★★
頻出度 ☆

(3) 7 輸出品目
Point 日本の輸出入の内訳は日本の産業構造を反映している。特に対米貿易は1980年代の貿易摩擦を含めて出題されることがあるので注意。
難易度 ★
頻出度 ★★

(4) 8 保護貿易
Point リカードやリストに関する貿易論に関する問題は比較的頻出のテーマ。
難易度 ★
頻出度 ★

問3 9 グローバリゼーションの影響
Point グローバリゼーションを正しく理解しているかについて確認する問題。背景にある技術や移動手段の発展もおさえておくこと。

解説

難易度 ★★
頻出度 ☆

問4 10 需給曲線
Point 需給曲線が動く理由やそのメカニズムを確認する問題。頻出ポイントなのでしっかりとおさえておくこと。
難易度 ★
頻出度 ★★★

問5 11 金融政策
Point 中央銀行の機能は頻出問題。好況時と不況時の対応はしっかりと把握しておくこと。
難易度 ★
頻出度 ★★★

問6 12 経済学者と主張
Point 主な経済学者（特にリカードは頻出）と主張の内容，著書は頻出ポイント。
難易度 ★
頻出度 ★★★

問7 13 プライマリーバランス
Point プライマリーバランスはやや難易度の高いテーマながら過去にも出題された例がある。しっかりと定義を把握しておく。
難易度 ★★☆
頻出度 ☆

問8 14 直接税・間接税
Point 直接税・間接税がどういった種類の税金であるか，またどのような税が含まれるかはしっかりと確認しておく。
難易度 ★
頻出度 ★★★

問9 15 日本銀行
Point 中央銀行の役割は非常に頻出かつ基礎的な問題。必ず理解しておくこと。
難易度 ★
頻出度 ★★☆

問10 16 為替相場の影響
Point 為替が各国経済に与える影響を確認する問題。

難易度 ★
頻出度 ★☆

問11 17 一次エネルギー消費量推移
Point エネルギー消費量は各国の人口規模と経済成長に関している。成長率の高い国を確認する。
難易度 ★☆
頻出度 ★

問12 18 1990年代の経済
Point 1990年代の日本経済の特徴はバブル崩壊後の不況とその後の金融ビッグバン。
難易度 ★★
頻出度 ★★

問13 19 貿易協定
Point ウルグアイ・ラウンドはWTOへの移行が決定した重要な会議。
難易度 ★
頻出度 ★★

問14 20 日本経済の動向
Point 近年の日本経済の動向について確認する問題。日頃からニュースなどで把握しておくこと。
難易度 ★★★
頻出度 ☆

問15 21 自然国境
Point 旧植民地だった国同士は直線的な人為国境であることが多い。
難易度 ★★☆
頻出度 ☆

問16 22 地中海性気候
Point 地中海性気候について確認する問題。特徴的な気候であるため，過去にも出題されたことがある。
難易度 ★★
頻出度 ★★

問17 23 時差
Point ジェット気流（偏西風）は航空機など様々なものに影響を与えるため出題されることの多いポイント。
難易度 ★

頻出度 ★☆

問18 24 図法
Point 各図法の特徴を確認する問題。特徴はしっかりとおさえておく。
難易度 ★
頻出度 ★★

問19 25 言語島
Point 周囲の国と言語や民族的な特徴がことなっている国（ルーマニア，フィンランド，ハンガリー）におさえておくべきポイント。
難易度 ★★
頻出度 ☆

問20 26 大統領と首相
Point 大統領と首相の併置制において，それぞれの役割や両者のうち国家元首を務める地位はよく出題されるポイント。
難易度 ★
頻出度 ★★

問21 27 日本の選挙
Point 日本の選挙制の特徴である小選挙区比例代表並立制と衆参両院の任期の違いについて確認する問題。
難易度 ★
頻出度 ★

問22 28 大日本帝国憲法
Point 大日本帝国憲法では日本国民は「臣民」として，兵役，納税，教育の義務を負っていた。「兵役」が含まれていることが大きなポイント。
難易度 ★★★
頻出度 ★

問23 29 新しい人権
Point 「新しい人権」はEJU頻出問題。内容についてしっかりと確認しておく。
難易度 ★
頻出度 ★★★

問24 30 環境問題の会議
Point 環境問題に関する国際的な会議（ストックホルム・京都など）は内容と時期を中心としてしっかりと理解しておくこと。
難易度 ★★
頻出度 ★★

問25 31 戦後の日本
Point 戦後日本が独立を回復し，国際社会に復帰する過程は条約等とあわせてしっかりと確認すること。
難易度 ★
頻出度 ★★

問26 32 領海
Point 領海と排他的経済水域の範囲，定義の違いは頻出ポイントなので要確認。
難易度 ★
頻出度 ★★

問27 33 植民地支配
Point アフリカ・アジアの国は植民地支配を受けた国が多い一方，独立を保ち続けた国もあり出題されることがある（代表的なのはリベリア・タイ）。
難易度 ★★
頻出度 ★

問28 34 フランス革命
Point フランス革命の出来事や影響は頻出ポイント。しっかりと理解しておく。
難易度 ★★
頻出度 ★

問29 35 20世紀初頭の日本
Point 20世紀初頭に日本が国際的地位を高めることになった背景を日露戦争の経緯を含めて理解しておく。
難易度 ★★
頻出度 ★☆

問30 36 世界恐慌
Point 世界恐慌からニューディール政策までは戦間期における頻出ポイント。ケインズの経済理論とともにおさえておく。
難易度 ★
頻出度 ★★★

解説

問31 ㊲ 為替の歴史
Point 世界の為替の歴史（特に日本が関係するもの）は会合の名称とあわせて理解しておくべき頻出テーマ。
難易度 ★★
頻出度 ★

問32 ㊳ 代理戦争
Point 中越戦争は東側陣営（社会主義陣営）同士の戦争。
難易度 ★★★
頻出度 ☆

第7回

問1
⑴ ① プエルトリコの位置
Point 島国の位置は出題されることがあるので，小さな国の位置も確認しておく。
難易度 ★★
頻出度 ☆

⑵ ② ラテンアメリカの独立
Point アフリカ・アジア地域以外の植民地支配からの独立の歴史も確認しておくこと。
難易度 ★★
頻出度 ★

⑶ ③ アメリカの外交政策
Point ルーズベルトが大統領であったのは第二次世界大戦期であったことを踏まえれば解答可能。重要な大統領は就任時期を確認しておくこと。
難易度 ★★★
頻出度 ★

⑷ ④ モノカルチャー
Point モノカルチャー経済は発展途上国で多く見られる経済の形態。
難易度 ★★
頻出度 ★★☆

問2
⑴ ⑤ モスクワの位置
Point 都市の位置は頻出問題。世界の主要都市の位置を確認しておくこと。
難易度 ★★
頻出度 ★

⑵ ⑥ 産出資源
Point ロシアでは主に西側から石油が，東側から石炭が産出される。
難易度 ★★★
頻出度 ★

⑶ ⑦ 公害
Point 日本の公害の歴史は四大公害を中心に出題されることが多い。
難易度 ★★
頻出度 ★

⑷ ⑧ 原油産出国
Point 中東で最も原油が産出されるのはサウジアラビア。その後，イラン，イラク，UAE，クウェートと続く。
難易度 ★★★
頻出度 ★

問3 ⑨ 市場の失敗
Point 市場の失敗に関してはその具体例を含めてどのようなものか理解しておくこと。
難易度 ★
頻出度 ★★

問4 ⑩ 供給曲線
Point 供給曲線が右方シフトするのは供給が増加した場合。頻出問題なので確認しておく。
難易度 ★
頻出度 ★★★

問5 ⑪ 価格弾力性
Point 価格弾力性について確認する問題。価格弾力性は価格変動による需要の変動を表す指標。
難易度 ★★
頻出度 ★

問6 ⑫ 経済学者と主張
Point 頻出問題。著名な学者は主張と著書を確認しておく。

難易度　★
頻出度　★★★

問7　13　景気変動
Point　インフレーション，デフレーション，スタグフレーションを中心とした景気変動についてはしっかりと理解しておくこと。
難易度　★
頻出度　★★★

問8　14　穀物生産量
Point　中国が世界最大の穀物生産国であることに注意。
難易度　★
頻出度　★

問9　15　世界恐慌
Point　頻出テーマ。世界恐慌の原因とそれを克服した政策，その後ろ盾となった経済理論は必ず確認すべきポイント。
難易度　★
頻出度　★★★

問10　16　GDP
Point　名目GDPと実質GDPの違い，またその算出方法を確認。
難易度　★★★
頻出度　★★

問11　17　産業別就業者割合
Point　産業別就業者割合は基本的に社会が発展するほど，第三次産業の割合が高まっていく。
難易度　★★★
頻出度　★

問12　18　日本の景気
Point　バブル経済の直接の原因は円の価値がドルに対して非常に高くなったこと。
難易度　★
頻出度　★★☆

問13　19　二酸化炭素排出量
Point　二酸化炭素の排出量は経済，特に工業の発展と密接な関係があることに留意。
難易度　★

頻出度　★★☆

問14　20　造山帯
Point　新期造山帯と古期造山帯の違い，また世界における分布は頻出ポイント。
難易度　★
頻出度　★☆

問15　21　地中海性気候
Point　地中海性気候は頻出テーマ。南半球でも地中海性気候の地域があることに留意。
難易度　★★
頻出度　★★

問16　22　図法
Point　図法は頻出テーマ。また，用途についても確認しておくこと。
難易度　★
頻出度　★★

問17　23　時差
Point　設問の場合，現地時間が東京よりマイナス17時間である。すなわち，東京より17時間×15度＝経度255度分西に存在する都市であると分かる。
難易度　★★★
頻出度　★★☆

問18　24　リアス式海岸
Point　日本の中でリアス式海岸が分布する場所として有名なのは三陸海岸と伊勢志摩の海岸線。
難易度　★
頻出度　★★☆

問19　25　三権分立
Point　三権分立を主張したのはフランスのモンテスキューであることを確認する問題。
難易度　★★
頻出度　★★☆

問20　26　イギリスの政治体制
Point　イギリスの政治体制の大きな特徴である立憲君主制を確認する問題。
難易度　★
頻出度　★★

解説

問21 27 日本国憲法の社会権
Point 表現の自由は自由権であることに留意。
難易度 ★
頻出度 ★★

問22 28 日本の衆参両院
Point 日本における衆参両院の違い（任期・権利等）はしっかりとおさえておくこと。
難易度 ★★
頻出度 ★★

問23 29 日本裁判制度
Point 日本の裁判制度の特徴を確認する問題。
難易度 ★
頻出度 ★

問24 30 アメリカの政治体制
Point アメリカの大統領の権限については出題されることが多いのでしっかりと確認しておく。
難易度 ★★
頻出度 ★★

問25 31 環境会議
Point 1972年のストックホルム環境会議は頻出項目。世界初の環境に関する国際会議。
難易度 ★
頻出度 ★★☆

問26 32 日本の地方自治
Point 日本の地方自治に関する問題で「リコール」は頻出トピック。
難易度 ★
頻出度 ★★

問27 33 日本の選挙
Point 日本の普通選挙の歴史は1945年に男女が平等となり、2016年に選挙権が18歳に引き下げられた。
難易度 ★☆
頻出度 ★★

問28 34 植民地支配
Point タイは植民地支配を受けたことがない国であることに留意。
難易度 ★★
頻出度 ★★

問29 35 ヴェルサイユ体制
Point 第一次世界大戦後の国際秩序であるヴェルサイユ体制の内容とその後の影響について確認する問題。
難易度 ★★
頻出度 ★★

問30 36 世界の国際協調
Point 重要な条約はその年代と内容をしっかりおさえておくこと。それが締結されるきっかけとなった出来事とあわせて確認する。
難易度 ★☆
頻出度 ★☆

問31 37 第二次世界大戦末期の会談
Point 第二次世界大戦後の国際秩序について話し合われた会談（カイロ・テヘラン・ヤルタ・ポツダム）は順序と内容，出席者に留意。
難易度 ★★
頻出度 ☆

問32 38 冷戦
Point 冷戦期の出来事を確認する問題。東西陣営の代表者と主要な出来事はおさえておくこと。
難易度 ★★
頻出度 ★★☆

第8回

問1
(1) 1 フィヨルド
Point 海外地形の中でもリアス式海岸とフィヨルドは頻出問題なので，しっかりとその分布や成因をおさえておくこと。
難易度 ★★
頻出度 ★★

(2) 2 小麦の生産量
Point 主要な穀物の生産量の上位の国は覚えておく必要がある。

解説

難易度　★
頻易度　★☆

(3) ③ ケベック
Point　カナダの中でも，フランス系住民が多いケベックに関しては比較的出題される。
難易度　★
頻易度　★★☆

(4) ④ ウェストミンスター憲章
Point　戦間期の世界情勢と第二次世界大戦の原因をあわせて確認する問題である。
難易度　★★
頻易度　☆

問2

(1) ⑤ コーヒー豆
Point　東南アジアの熱帯諸国でコーヒーの産出が多いことに注意する。
難易度　★★
頻易度　★

(2) ⑥ コーヒーベルト
Point　コーヒーベルトは南北の回帰線の間。コーヒーの産出国に熱帯諸国が多いという知識があれば解答可能。
難易度　★★
頻易度　☆

(3) ⑦ イギリスの政治
Point　イギリスは下院が上院を優越する。
難易度　★
頻易度　★★

(4) ⑧ 19世紀の世界史
Point　18世紀後半から19世紀前半の時期は出題される出来事が多いので，その順序を整理しておくとよい。
難易度　★★☆
頻易度　★★

問3　⑨ 供給曲線
Point　供給曲線と需要曲線の動き方は頻出問題なので，ポイントとして必ずおさえておくこと。
難易度　★

頻易度　★★★

問4　⑩ 重商主義
Point　重商主義は貿易政策の変化とあわせて，しっかりとその内容を把握しておく必要がある。
難易度　★★
頻易度　★

問5　⑪ GDP
Point　実質GDPと名目GDPの計算は頻出項目。計算方法を理解しておくこと。
難易度　★★☆
頻易度　★☆

問6　⑫ 人口増加
Point　人口増加率を問う問題は過去に出題された例がある。今後アフリカで爆発的に人口が増加すること，また日本の人口が減少し始めていることを意識する。
難易度　★
頻易度　★

問7　⑬ 政府財政の役割
Point　政府が市場経済において果たす役割に関する問題。市場のメカニズムとともに理解すること。
難易度　★★
頻易度　★★

問8　⑭ 価格弾力性
Point　価格弾力性の仕組みとその定義については比較的出題回数が多いため，しっかりと把握しておくこと。
難易度　★★
頻易度　★

問9　⑮ 太平洋ベルト
Point　日本地理で頻出する語句の示す位置などは正確に覚えておく必要がある。
難易度　★★
頻易度　☆

問10　⑯ 漁獲量
Point　近年，中国の漁獲量が爆発的に伸びていることに注意する。

解説

難易度 ★
頻出度 ★★

問11 17 国民負担率
Point 高齢化率と北欧諸国が福祉国家であることを踏まえれば解答可能である。
難易度 ★★
頻出度 ★☆

問12 18 所得の再分配
Point 様々な係数が表す内容や計算式については把握しておくこと。
難易度 ★★
頻出度 ★★☆

問13 19 技術革新
Point AIや機械学習，IoTといった新しい概念について問われることがあるため，時事用語についても理解しておく必要がある。
難易度 ★
頻出度 ★

問14 20 マルタの位置
Point 島国の位置の確認問題。正しい位置を把握しておくこと。
難易度 ★★
頻出度 ★☆

問15 21 OPEC
Point ベネズエラが産油国であることは出題される場合があるので注意する。
難易度 ★
頻出度 ★★☆

問16 22 日本の年較差
Point 年較差は内陸かつ緯度の高い地域ほど高いことを理解しておくこと。
難易度 ★☆
頻出度 ★

問17 23 湖と国
Point ミシガン湖はアメリカ，ビクトリア湖はケニア・ウガンダ・タンザニア，アラル海はカザフスタン・ウズベキスタンである。
難易度 ★★☆

頻出度 ★

問18 24 時差
Point 経度15度につき1時間時差が生じることをもとに計算する問題。計算方法を理解しておく必要がある。
難易度 ★★☆
頻出度 ★★☆

問19 25 公用語
Point ジャマイカはイギリスの旧植民地であったため，公用語は英語である。
難易度 ★★★
頻出度 ★

問20 26 日本の国家機関
Point 内閣と天皇の関係についてはよく問われることがあるので注意する。
難易度 ★
頻出度 ★★★

問21 27 帝国議会
Point 当時は天皇が大きな権力を持ち，女性の被選挙権は認められていなかった。
難易度 ★★
頻出度 ★

問22 28 基本的人権
Point 自由権と社会権の違いについてはどこがどのように違うかをきちんと把握しておくこと。
難易度 ★
頻出度 ★★☆

問23 29 アメリカの政治制度
Point 日本とアメリカの三権の機関については頻出ポイントなのでしっかりと理解する。
難易度 ★
頻出度 ★★

問24 30 独立国
Point ラトビアは旧ソ連解体時の1990年に独立した。それ以外の国はすべて2000年以降独立し，国連に加盟したことを把握する。
難易度 ★★☆
頻出度 ☆

— 270 —

解説

問25 31 **国連安全保障理事会の常任理事国**
Point 安全保障理事会の常任理事国は必ず把握しておくこと。
難易度 ★
頻出度 ★

問26 32 **日本国憲法**
Point 日本国憲法に規定されている国民の義務は必ず覚えておく必要がある。
難易度 ★
頻出度 ★★

問27 33 **フランス人権宣言**
Point 頻出項目。現代の人権と異なる点に注意する。どのように異なるかを把握しておくこと。
難易度 ★★
頻出度 ★

問28 34 **普通選挙**
Point ワイマール憲法の先進性は出題されることがあるので注意する。
難易度 ★★☆
頻出度 ★

問29 35 **独立運動**
Point 1960年は「アフリカの年」であることをしっかりとおさえておくこと。
難易度 ★★
頻出度 ★★

問30 36 **フランス革命**
Point フランス革命に関する問題は頻出項目であるため、革命の経緯をしっかりと理解することがポイント。
難易度 ★★
頻出度 ★

問31 37 **アメリカの独立**
Point アメリカ独立に関しては、思想的背景や影響を及ぼした思想家などがよく問われるのでおさえておくこと。
難易度 ★
頻出度 ★

問32 38 **第二次世界大戦後の日本経済**
Point 第二次世界大戦以降の日本経済史は比較的出題される分野である。アメリカとの関係を軸に理解することがポイント。
難易度 ★★
頻出度 ★★

第9回

問1
(1) 1 **広島の位置**
Point 日本の主要都市の位置はしっかりと把握しておくこと。
難易度 ★
頻出度 ★

(2) 2 **キューバ危機**
Point キューバ危機は頻出項目。経緯についてきちんと理解しておくこと。
難易度 ★
頻出度 ★★

(3) 3 **核軍縮**
Point 核軍縮のために様々な条約が締結されてきた。その順序を正確に覚えておくこと。
難易度 ★★
頻出度 ★★

(4) 4 **朝鮮戦争**
Point 38度線について確認する問題である。
難易度 ★
頻出度 ★☆

問2
(1) 5 **君主制でない国**
Point 共産主義・社会主義国家は君主を持たないことに注意する。
難易度 ★
頻出度 ★☆

(2) 6 **立憲君主制**
Point 立憲君主制は頻出項目。君主と国会の関係を中心に理解しておくこと。
難易度 ★

— 271 —

解説

頻出度 ★★

(3) 7 イギリス連邦
Point 旧イギリス植民地の国家群は把握しておくこと。
難易度 ★★
頻出度 ☆

(4) 8 独裁
Point スペインの指導者に関する問題である。
難易度 ★★
頻出度 ☆

問3 9 中央銀行の機能
Point 中央銀行の機能は必ず把握しておくべきポイントである。
難易度 ★
頻出度 ★★★

問4 10 市場メカニズム
Point 市場メカニズムは外部不経済などのマイナスの側面も含めて理解しておくこと。
難易度 ★☆
頻出度 ★★☆

問5 11 GDP
Point GDPの定義や算出の仕方を確認する問題である。
難易度 ★
頻出度 ★★

問6 12 ケインズ
Point ケインズは頻出項目。「大きな政府」,「ニューディール」などのキーワードとともに理解しておく。
難易度 ★
頻出度 ★★★

問7 13 景気と政府
Point 好況時と不況時の金融政策について、その理由とともに整理する必要がある。
難易度 ★★
頻出度 ★★☆

問8 14 価格弾力性
Point 価格弾力性は価格変更に対する需要の反応の尺度であることをしっかりと把握しておく。
難易度 ★★☆
頻出度 ★☆

問9 15 独占
Point 独占の形態（カルテル・トラスト・コンツェルン）や，その影響について理解しておく。
難易度 ★★
頻出度 ★★

問10 16 関税同盟
Point マダガスカルは南米ではないことを確認する問題である。
難易度 ★
頻出度 ★

問11 17 市場の失敗
Point 市場の失敗は市場に政府が介入しないことで起きる悪影響，と考えると理解しやすい。
難易度 ★★
頻出度 ★★☆

問12 18 スタグフレーション
Point スタグフレーションの定義を確認する問題である。
難易度 ★
頻出度 ★★

問13 19 自動車生産台数
Point 中国が急激に生産台数を伸ばしている点，同時期にアメリカの経済がリーマン・ショックで落ち込んでいる点に注意する。
難易度 ★★
頻出度 ★

問14 20 アラル海
Point アラル海の位置を確認する問題である。
難易度 ★
頻出度 ☆

問15 21 季節風
Point 地方特有の季節風は名前と地域，気候に与える影響と合わせて理解しておく。

難易度　★☆
頻出度　☆

問16 22 日本の地理
Point 日本の地理の大きな特徴である，中央構造線とフォッサマグナについて確認する問題である。
難易度　★
頻出度　★☆

問17 23 緯度
Point 頻出問題。日本の主要都市の緯度が世界の主要都市でどこに該当するかは確認しておくこと。
難易度　★★
頻出度　★★

問18 24 医療費総額
Point 国家の福祉制度と，高齢化率から解答可能な問題である。
難易度　★★
頻出度　★

問19 25 アフリカの歴史
Point エチオピアがイタリアの植民地であったのは第二次世界大戦前である。
難易度　★★★
頻出度　★★

問20 26 三権分立と思想家
Point 頻出項目。思想家とその思想が影響を与えた歴史上のできごとはしっかりと理解しておくこと。
難易度　★
頻出度　★★☆

問21 27 天皇制
Point 日本の天皇制が象徴天皇制であることは頻出ポイントである。
難易度　★
頻出度　★★

問22 28 日本の憲法改正
Point 硬性憲法である日本国憲法の改正手続はよく問われるので注意する。

難易度　★★
頻出度　★☆

問23 29 日本の三権分立
Point 日本の三権を担う機関がどの機関か，という点は必ず把握しておくべきポイントである。
難易度　★
頻出度　★★★

問24 30 日本の衆参両院の違い
Point 衆参両院の権限や選挙制の違いは頻出項目なので正確に理解する。
難易度　★
頻出度　★★★

問25 31 環境保護
Point 環境保護に関する条約は，その年代と都市をしっかりとおさえておく。
難易度　★
頻出度　★★☆

問26 32 2000年以降の日本政治
Point 各年代の総理大臣の名前と出来事を把握しておく必要がある。
難易度　★★
頻出度　★

問27 33 国際連盟
Point 国際連合のとの違いや，その設立経緯は頻出ポイントであるため，しっかりと理解する。
難易度　★
頻出度　★★★

問28 34 三角貿易
Point 三角貿易はこのパターン以外にアフリカ・アメリカ・イギリスを舞台にしたパターンもあるので注意する。
難易度　★★
頻出度　★☆

問29 35 1960年代のアメリカ
Point 1960年代のアメリカは公民権運動やキューバ危機，ベトナム戦争など頻出項目が多いのでしっかりと把握しておくこと。

解説

難易度 ★★★
頻出度 ★★

問30 [36] 戦間期
Point 戦間期は世界恐慌など，第二次世界大戦の遠因となる出来事を中心に，国際関係をメインに理解すること。
難易度 ★★★
頻出度 ★★☆

問31 [37] アフリカの宗主国
Point アフリカ各国がどの国の植民地であったかは地図上で確認しておくこと。
難易度 ★★
頻出度 ☆

問32 [38] 1990年代以降の世界経済
Point アジア通貨危機が1990年代半ばに起きたことに注意する。
難易度 ★☆
頻出度 ★★

第10回

問1
(1) [1] 二酸化炭素排出量
Point 二酸化炭素排出量は経済の発展（特に工業）に左右される。
難易度 ★
頻出度 ★★

(2) [2] 排他的経済水域
Point 日本を含む島国では排他的経済水域が大きくなる傾向にある。
難易度 ★★☆
頻出度 ★★

(3) [3] キリバスの位置
Point 島国の位置は比較的出題される。
難易度 ★★
頻出度 ☆

(4) [4] 核軍縮
Point 日本の非核三原則は，佐藤栄作のノーベル平和賞受賞とともに確認しておくとよい。
難易度 ★★
頻出度 ★★

問2
(1) [5] ベネズエラの位置
Point 国の位置は比較的頻出の問題である。
難易度 ★★
頻出度 ★

(2) [6] 植民地
Point ブラジルはポルトガルの旧植民地であり，公用語もポルトガル語である。
難易度 ★
頻出度 ★★

(3) [7] モノカルチャー
Point モノカルチャー経済に関しては，その産品と国名の組み合わせを把握しておくこと。
難易度 ★
頻出度 ★★

(4) [8] 経済連合
Point ベネズエラは産油国であるため，OPECには参加している。
難易度 ★★
頻出度 ★☆

問3 [9] 需給曲線
Point 需給曲線が変化した際の理由は基本的な問題なのでおさえておくこと。
難易度 ★
頻出度 ★★★

問4 [10] 購買力平価
Point 一度値段をドルに換算し，購買力平価をかけることで算出ができる。
難易度 ★★☆
頻出度 ☆

問5 [11] 比較生産費説
Point リカードが唱えた「各国が生産費の比較的有利な商品を集中的に生産することで利益が得られる」という説の確認問題である。
難易度 ★

頻出度　★★☆

問6 [12] 為替レートと経済史
Point 日本の経済上重要であり、特に対米関係に影響のあった出来事はしっかりとおさえておく。
難易度　★★
頻出度　★★

問7 [13] 国際収支
Point 国際収支の算出方法を確認する問題である。全項目で最終的に±0になることに注意する。
難易度　★★
頻出度　★

問8 [14] 国民所得の定義
Point 「付加価値」の総額であることに注意する。
難易度　★☆
頻出度　★

問9 [15] 通信機器産業
Point 中国が圧倒的な一位であることと、日本より韓国の順位が高いことに気付くとよい。
難易度　★★
頻出度　★

問10 [16] 外部不経済
Point 日本の公害問題は、四大公害を中心にその歴史を理解しておくこと。
難易度　★★
頻出度　★★

問11 [17] 日本の労働環境
Point 労働三権は頻出テーマなので、内容とともに把握しておくとよい。
難易度　★
頻出度　★★

問12 [18] 対日貿易と貿易依存度
Point シンガポールの貿易依存度が高いことに注意する。
難易度　★★
頻出度　★★

問13 [19] 経済学者と著書
Point 頻出項目である。代表的な学者と著書は必ず覚えておくこと。
難易度　★
頻出度　★★★

問14 [20] 対蹠点
Point 対蹠点は地球の反対側の点。つまり、北緯と南緯が入れ替わるだけで経度が180度異なる地点のことを指す。
難易度　★★☆
頻出度　★

問15 [21] 南北アメリカの位置関係
Point 地図上で位置関係を問う問題は比較的よく出題されるため、普段から地図上で位置を確認しておくこと。
難易度　★☆
頻出度　☆

問16 [22] 南極大陸
Point 南極大陸はどこの国にも属さない領土とされていることに注意する。
難易度　★★
頻出度　☆

問17 [23] 植生
Point 世界各地の植生は、その特徴を農作物とともに確認しておくこと。
難易度　★★
頻出度　★★

問18 [24] 島
Point 世界の飛び地である島の領有権を持つ国を確認する問題。
難易度　★★★
頻出度　★

問19 [25] 日本国憲法と大日本帝国憲法の違い
Point 日本国憲法の大きな特徴として、「国民主権」、「象徴天皇制」といったポイントが挙げられる。
難易度　★★
頻出度　★☆

解説

問20 26 日本の選挙権
Point 日本において投票は義務ではないことに注意する。
難易度 ★☆
頻出度 ★★☆

問21 27 自衛隊
Point 自衛隊はシビリアンコントロールのもと，内閣総理大臣が最高指揮権を有している（大日本帝国憲法下の旧日本軍は天皇が全権を保持）。
難易度 ★★
頻出度 ★

問22 28 日本の社会保障
Point 日本の社会保障制度の特徴として，国民皆保険制度がある。
難易度 ★★
頻出度 ★★

問23 29 自由権
Point 日本国憲法では自由権として，「精神的自由権」，「経済的自由権」，「身体的自由権」の3つが規定されている。
難易度 ★
頻出度 ★★

問24 30 ドント式
Point ドント式での議席計算を確認する問題である。
難易度 ★★
頻出度 ★

問25 31 直接選挙
Point 日本の地方自治体の首長は直接選挙で選出され，日本の首相は国会議員の投票によって選出される。
難易度 ★
頻出度 ★☆

問26 32 社会契約説
Point ルソーの社会契約説はフランス革命に大きな影響を与えた。
難易度 ★
頻出度 ★★

問27 33 共和制
Point ドイツはワイマール憲法以降，君主が存在していない。
難易度 ★★
頻出度 ★

問28 34 ロシア革命
Point ロシア革命に関しては，第一次世界大戦との関係および主な指導者をしっかりと把握しておくとよい。
難易度 ★★
頻出度 ★

問29 35 日米条約
Point 固定相場制度が変動相場制に移行したのは1973年（ニクソンショック）である。
難易度 ★
頻出度 ★★☆

問30 36 中東の紛争
Point 第一次石油危機のきっかけは第四次中東戦争であり，第二次石油危機のきっかけはイラン革命である。
難易度 ★★
頻出度 ★

問31 37 第二次世界大戦以降のロシア
Point 東西冷戦の主要な出来事は書記長の名前とともに把握しておくとよい。
難易度 ★★
頻出度 ★☆

問32 38 ノーベル平和賞
Point ノーベル平和賞に関する問題は出題されることがあるため，歴代の受賞者を確認しておくこと。
難易度 ★★
頻出度 ☆

시사일본어학원 수원EJU플랜센터
EJU 일본대학전문학원

EJU문과종합반   **EJU이과종합반**   **미대(예체능)대비반**

시사 EJUplan이 일본 명문대 진학의 길을 열어드립니다!

01 최단기간 합격에 맞춘 최상의 커리큘럼 (타의 추종을 불허하는 스케줄!!)
- 초단기간에 N2완성 및 EJU 전과목 학습 시작
- 한자/독해/회화/문법의 체계적인 학습(어학연수 프로그램도입)
- 스케줄대로 따라 오면 반드시 고득점이 나온다.

02 담임제 학원입학부터 최종 대학입학까지 관리
- 담임선생님이 최종 입학때 까지 학습 관리
- 일본유학 상담 12년 경력의 상담선생님의 주기적인 관리
- 3개월 단위 부모님 상담 및 학습성취도 관리

03 최고의 강사진이 고득점을 반드시 달성한다.
- 서울 유명학원의 강사진을 능가하는 최고의 강사진
- JLPT 및 EJU 전과목 강사진의 탁월한 강의력

04 체계적인 대학지원 및 전략수립 원서대행
- 12년 경력의 전문상담 선생님의 대학지원 상담
- 최근 5년 합격/불합격 자료를 바탕으로 반드시 합격시킨다.

05 본고사 및 면접대비/지망이유서의 체계적인 관리
- 이제 EJU점수만으로 합격을 안심할 수 없다.
- 구두시문/본고사완벽대비/ 면접/지망이유서의 체계적인 작성
- 최다 일본인 선생님의 전방위적인 지원

06 영어성적이 이제 명문대 합격을 좌우한다.
- 20년 경력의 토플선생님이 반드시 고득점을 보장한다.
- 최고의 토익강사진이 단기간에 토익 목표 달성

www.sisasuwon.co.kr

수원역점 수원역 9번출구 031) **224-1582**
영통점 영통역 1번출구 031) **273-7311**

合格者体験記・入試情報・受験対策など

名校志向塾の最新情報をお届けいたします　>>>>>>>>>>>>>>>>>>>>

名校志向塾 Insights

学部文系
コース：東京大学面接と小論文クラス
合格大学：東京大学

劉さん

難関小論文を突破し東大文科三類合格

日本の刀剣文化が好きで来日しました。大学では、社会科学を勉強したいと思っています。東大の小論文は話題が広く、アカデミックな内容はとても難しかったのですが、名校志向塾の面接対策と、小論文クラスのおかげで、無事に試験を突破し、合格を勝ち取りました。

2018年4月来日、2019年1月に入塾。

学部文系
コース：関西校周年スペシャルコース
合格大学：東京大学　東北大学　一橋大学　早稲田大学

許さん

日本留学試験得点全国1位東京大学文科三類合格

私は初めの頃は面接が非常に苦手でした。初めの頃は模擬面接でさえ、緊張してしまい、失敗ばかりしていました。しかし、名校志向塾の先生方は私の問題点を一つ一つ整理して、改善の手助けをしてくれたため、本番では非常に高い完成度で面接に臨むことができました。また、留学試験でも全国1位の成績を獲得したことで、確かな自信に繋がりました。

2018年4月に来日、同時に入塾。

学部理系
コース：センター試験対策クラス
合格大学：東京大学　東京工業大学　早稲田大学

朱さん

センター利用で東京大学理科一類合格

センター試験の準備は不安でしたが、留学生向け進学塾の中で、唯一センター試験対策に対応している名校志向塾の指導を受け、無事に合格することができました。

2015年4月来日、2015年9月に入塾。

大学院藝術
コース：VIPコース
合格大学：東京藝術大学

朱さん

海を渡って夢をかなえた

先生たちは、面接や、小論文対策などにおいて、隅から隅まで教えてくれます。個人個人に、しっかり付き添ってくれるので、安心して受験に望めました。先生たちのおかげで、あまり孤独感を感じることなく、しっかりと勉強ができました。

2017年10月来日、同時に入塾。

大学院理系
コース：大学院理系通年コース
合格大学：早稲田大学

呉さん

大切なのは繰り返しのプロセス

早稲田のAO入試合格の知らせをもらった時は、とても嬉しかったです。名校志向塾の先生たちには、何度も何度も面接の練習をして頂きました。その繰り返しのプロセスのおかげで、本番でも7名の教授の質問に対して全く臆することなく、自信を持って答えることができました。

2016年7月来日、10月に入塾。

大学院文系
コース：大学院経済学コース
合格大学：一橋大学　横浜国立大学

朱さん

きめ細かな指導で確実に実力UP

名校の先生の授業はわかりやすいだけでなく、一人一人を丁寧に指導してくれます。講義における詳細なまとめは、復習の際に、とても役立ちました。難しい問題でも、詳細な解説までしてくれるので、確かな実力をつけることができました。

2017年7月来日、同時に入塾。

学部理系
コース：理系通年クラス＆東京大学面接と小論文クラス
合格大学：東京大学　東京工業大学　東京理科大学　慶応義塾大学

董さん

脳科学を志望し4つの一流大学に合格

最初は科学の勉強に関して、不明な点がたくさんあったので、短時間で本当に効果的な学習方法を身に着けられるか不安でした。しかし、名校志向塾の先生たちは、皆真面目な方ばかりで、教え方も効果的だったので、科学の専門知識、小論文や面接の要旨を把握でき、夢を叶えることができました。

2018年4月来日、同時に入塾。

学部文系
コース：文系通年クラス
合格大学：東京大学　慶応義塾大学　明治大学

刘さん

たったの半年で東大文科一類合格

日本来たばかりの頃は、日本人と会話することすら困難だった私ですが、名校志向塾に通ったことで、僅か半年間で東大に合格できました。半年で合格するという目標を達成できたのは、名校志向塾の計画性のあるコースのおかげだと思います。

2017年7月来日、同時に入塾。

学部文系
コース：東京大学面接と小論文クラス
合格大学：東京大学　北海道大学　慶応義塾大学　上智大学

宋さん

一歩一歩を着実に輝く未来を掴むため

自分の力を最大限に発揮したいと思い、最難関校である東大を志望しました。名校志向塾の東大特訓クラスを通して、専門科目の知識のみならず、面接の対策も行ったことで、スムーズに合格することができました。中国人、日本人、両方の先生方の懇切丁寧な指導にも、とても安心できました。

2017年4月来日、2017年12に入塾。

TOKYO

名校志向塾　高田馬場本部

〒169-0075
東京都新宿区高田馬場3-3-3 三優ビル
TEL.03-5332-7836

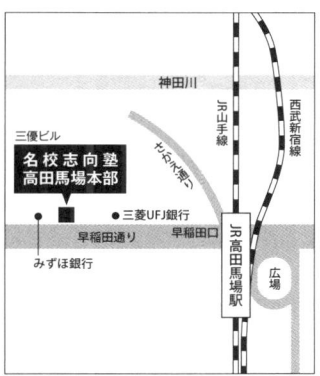

■高田馬場駅早稲田口より徒歩2分

名校志向塾　大久保第2本部

〒169-0074
東京都新宿区北新宿4-4-1
第3山広ビル2F
TEL.03-6279-3708

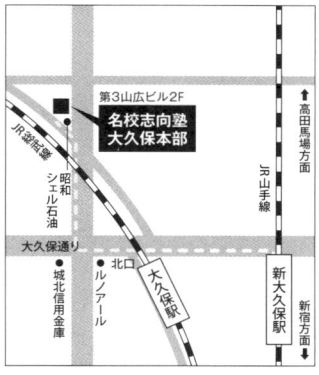

■新大久保駅より徒歩5分
■大久保駅北口より徒歩4分

名校教育　日本語学校
名校志向塾　上野校

〒110-0015
東京都台東区東上野5-15-2 TSSビル
TEL.03-5338-3135

■上野駅より徒歩5分

OSAKA & KYOTO

名校志向塾　大阪旗艦校（難波）

〒556-0016
大阪府大阪市浪速区元町2-3-19
TCAビル8F
TEL.06-6648-8759

■難波駅より徒歩7分

名校志向塾　大阪梅田校

〒530-0015
大阪府大阪市北区中崎西4-3-32
タカ・大阪梅田ビル501
TEL.080-4421-4555

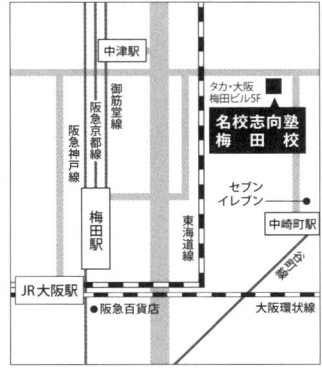

■梅田駅より徒歩6分

名校志向塾　京都校

〒612-8401
京都府京都市伏見区深草下川原町31-1
大和観光開発ビル
TEL.080-9424-6555

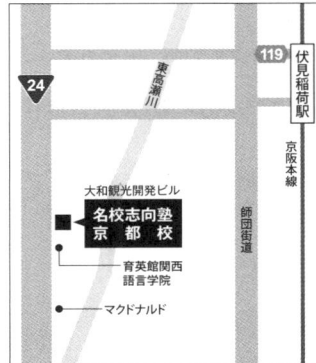

■伏見稲荷駅より徒歩7分

HED 글로벌 인재육성, 1984년설립
(주)해외교육사업단

1984년 설립!
오랜 경험과 방대한 실적

글로벌 시대의 인재 육성에 노력을 다하고 있습니다.

성공유학
수준 높은 교육
정확한 수속
긴밀한 제휴

유학생 / 학교 / HED

공신력 · 안전성 · 책임감을 바탕으로 합니다!

수속대행 주요내용

- 유학의 검토, 준비과정을 심층 상담해 드립니다.
- 자신에게 가장 알맞은 학교선택을 도와 드립니다.
- 합격을 위한 수험준비 입시내용을 지도해 드립니다.
- 입학허가 비자수속이 정확하게 진행되도록 도와 드립니다.
- 기숙사, 항공편, 핸드폰, 여행보험을 대행합니다.
- 일본에서의 유학생활이 안정되도록 도와드립니다.
- 진로지도 서포트 시스템을 갖추고 있습니다.

HED의 수속분야

- 장기어학연수
- 고등학교유학
- 수학여행
- 단기어학연수
- 대학유학
- 기업체 연수
- 대학원유학
- 전문학교유학
- 홈스테이

URL : www.hed.co.kr

본원 약도

두산베어스텔 709호
6번 출구 / 7번 출구
양재역 — 강남역 — 역삼역
파고다어학원, 교보빌딩
더조은컴퓨터아카데미, 메리츠증권, YBM어학원

문의 / 접수

본 원 서울시 서초구 강남대로 381
두산베어스텔 709호
☎ 02-552-1010(대표)
fax : 02-552-1062

긴급전화 (010) 6207-6404

일본/도쿄 전화 090-4439-7490 (한 · 일공통)

카카오톡

㈜해외교육사업단 발행 도서

일본유학시험(EJU)
2018년 2회 기출문제

일본유학시험(EJU)
2018년 1회 기출문제

일본유학시험(EJU)
2017년 2회 기출문제

일본유학시험(EJU)
2017년 1회 기출문제

일본유학시험(EJU)
실전문제집:기술, 독해vol.1

일본유학시험(EJU)
실전문제집:종합과목vol.1

일본유학시험(EJU)
실전문제집:수학1 vol.1

일본유학시험(EJU)
실전문제집:수학2 vol.1

일본유학정보도서
일본대학 학과도감

일본유학정보도서
일본 고등학교 유학가기

일본유학정보도서
일본 유학으로 성공하기

일본유학정보도서
일본 유학 수속 가이드

▶ 판매처 : 교보문고, 영풍문고, 예스24, 알라딘, 인터파크 (각 서점 및 사이트에서 구입 가능)

▶ 해외교육사업단 : 전화 02-552-1010/ 팩스 02-552-1062/ 이메일 hedc@hed.co.kr

일본유학시험(EJU) 실전문제집
종합과목 Vol. 1

초판발행일 : 2019년 10월 1일(1쇄)
      2022년 12월 30일(2쇄)
저   자 : 메코시코주쿠 （名校志向塾）
발 행 인 : 송 부 영
발 행 처 : (주)해외교육사업단
출 판 등 록 : 제16-1456호
주   소 : 서울시 서초구 강남대로 381
전   화 : 02-736-1010
이 메 일 : song@hed.co.kr
홈 페 이 지 : www.hedgroup.co.kr

* 이 도서의 국립중앙도서관 출판예정도서목록(CIP)은 서지정보유통지원시스템 홈페이지(http://seoji.nl.go.kr)와 국가자료종합목록 구축시스템(http://kolis-net.nl.go.kr)에서 이용하실 수 있습니다. (CIP제어번호 : CIP2019037309)
* 이 책은 저작권법에 의해 보호를 받는 저작물이므로 무단 전재와 복제를 금합니다.
* 잘못된 책은 구입하신 서점이나 본사에서 교환해드립니다.